정서적으로 건강한 영성

소그룹 워크북

Emotionally Healthy Spirituality Workbook
Updated Edition

ⓒ 2017 by Peter Scazzero, Geri Scazzero
Originally published in English as *Emotionally Healthy Spirituality Workbook*, Updated Edition
by Zondervan, Grand Rapids, MI, U.S.A.
All rights reserved.

This Korean translation edition ⓒ 2017 by Duranno Ministry, Seoul, Republic of Korea
Published by arrangement with The Zondervan Corporation L.L.C., a division of HarperCollins
Christian Publishing, Inc. through rMaeng2, Seoul, Republic of Korea

이 한국어판의 저작권은 알맹2를 통하여 Zondervan과 독점 계약한 두란노에 있습니다.
신 저작권법에 의하여 한국 내에서 보호 받는 저작물이므로 무단 전재와 무단 복제를 금합니다.

정서적으로 건강한 영성
소그룹 워크북

지은이 | 피터 스카지로 · 제리 스카지로
옮긴이 | 김주성
초판 발행 | 2017. 8. 7.
11쇄 발행 | 2025. 7. 22.
등록번호 | 제1988-000080호
등록된 곳 | 서울특별시 용산구 서빙고로65길 38
발행처 | 사단법인 두란노서원
영업부 | 02)2078-3333 FAX | 080-749-3705
출판부 | 02)2078-3330

책값은 뒤표지에 있습니다.
ISBN 978-89-531-2938-2 03230

독자의 의견을 기다립니다.
tpress@duranno.com www.duranno.com

두란노서원은 바울 사도가 3차 전도 여행 때 에베소에서 성령 받은 제자들을 따로 세워 하나님의 말씀으로 양육
하던 장소입니다. 사도행전 19장 8-20절의 정신에 따라 첫째 목회자를 돕는 사역과 평신도를 훈련시키는 사역,
둘째 세계선교™와 문서선교단행본·잡지 사역, 셋째 예수문화 및 경배와 찬양 사역, 그리고 가정 · 상담 사역 등을 감
당하고 있습니다. 1980년 12월 22일에 창립된 두란노서원은 주님 오실 때까지 이 사역들을 계속할 것입니다.

정서적으로 건강한 영성
소그룹 워크북

피터 스카지로·제리 스카지로 지음
김주성 옮김

두란노

건강한 정서가 바탕이 되지 않은
기독교 영성은 자기 자신 및 하나님,
주변 사람들과의 관계에 치명적일 수 있다

Contents

프롤로그 • 10
이 책을 어떻게 사용할 것인가 • 12
소그룹을 위한 지침 • 14

• 1과
정서적으로 건강하지 못한 영성의 문제
• 19

- 2과
  ### 참 자아를 찾기 위해 거짓 자아를 벗어 버리라
  - 36

- 3과
  ### 당신의 발목을 잡는 과거와 화해하라
  - 53

- 4과
  ### 한계를 깨달아 그 너머의 삶을 보라
  - 69

- 5과
  ### 슬픔과 상실을 통해 영혼을 확장하라
  - 84

- 6과

    매일기도가 삶의 리듬이 되게 하라

    • 98

- 7과

    정서적 성숙을 통해 예수의 참 제자가 되라

    • 118

- 8과

    하나님의 길을 신실하게 따라갈 삶의 규칙을 세우라

    • 136

부록_ 리더 가이드 • 150

수 • 172

프롤로그

피상적인 영성을 넘어 하나님과 더 깊은 관계로 나아가는 길

정서적으로 건강한 영성 코스(혹은 EHS 코스)는 하나님과 우리의 관계를 깊이 있게 변화시키는 제자 훈련이다.

EHS 코스(Emotionally Healthy Spirituality Course)는 다음 두 가지 유익이 있다. 첫째, 정서적 성숙과 영적 성숙은 불가분의 관계라는 사실을 직접적으로 다룬다. 즉 정서적으로 미성숙한 상태에 있으면서 영적으로 성숙해지는 것은 불가능하다. 둘째, 사람들이 예수님과의 인격적이고 직접적인 관계 속에서 멈춤, 침묵, 성경, 매일기도를 삶의 리듬으로 삼아 무장되게 한다.

이 책의 목표는 다른 자료들-《정서적으로 건강한 영성》, 《정서적으로 건강한 영성 하루 묵상》, EHS 코스 비디오-과 함께 당신이 EHS 코스의 핵심인 여덟 가지 성경 진리와 원리를 실행하도록 돕는 것이다. 책의 마지막 쪽에는 당신이 코스를 잘 따라가고 있는지 확인할 체크리스트가 있다. 순서에

정서적으로 미성숙하면서
영적으로 성숙하기는 불가능하다

맞추어 체크하고, 완수하고 나면 emotionallyhealthy.org 웹사이트에 가서 수료증을 받으라.

이 소그룹 워크북에서 살펴보는 여덟 가지 원리는 그 각각 하나의 주제가 될 만하다. 그러나 우리가 그 모든 것들을 이 책으로 함께 묶은 것은 당신이 '빙산의 일각'과도 같은 피상적인 영성을 넘어서서 존재의 깊은 곳에 역사하시는 그리스도를 통해 변화된 삶, 하나님과 함께하는 바로 그 삶에 들어가도록 안내하기 위해서다.

이 책을 어떻게 사용할 것인가

각 과를 시작하기 전에

- 《정서적으로 건강한 영성》책과 묵상집《정서적으로 건강한 영성 하루 묵상》그리고 이 소그룹 워크북을 구입하라.
- 《정서적으로 건강한 영성》본서의 제1장을 읽으라.
- 가능하다면 활용 방법에 대한 강의를 들으라. 이 책을 어떻게 사용할지 소개하는 영상을 emotionallyhealthy.org/ehscourse나 유튜브에서 미리 찾아보라.

공부하는 중에

각 그룹 모임 전에, 《정서적으로 건강한 영성》본서에서 이 소그룹 워크북의 각 과에 해당하는 장들을 읽으라. EHS 코스의 또 다른 핵심 요소는 그룹이 함께 공부한 후에 개인이 한 주 동안《정서적으로 건강한 영성 하루 묵상》을 기도하는 마음으로 읽는 것이다.

이 소그룹 워크북의 각 과는 여섯 부분으로 되어 있다.

- 인트로(Introduction)
- 서로를 알아가기(Growing Connected)
- 강의 듣기(Live Lecture)
- 그룹 토론(Group Discussion)
- 적용(Application)
- 마무리 요약(Closing Summary)

이어서 각 과 사이 개인 공부를(Between-Sessions Personal Study) 할 때는《정시적으로 건강한 영성 하루 묵상》책에 수록된 매일기도(Daily Office)에 나오는 질문들을 가지고 공부한다.

이 책의 여백에는 당신의 대답이나 질문, 혹은 모임 때나 개인 공부 시간에 하나님이 주시는 깨달음을 적을 수 있다.

이 책의 부록에 있는 리더 가이드에는 연구를 보완해 줄 유용한 정보가 담겨 있다. 그 좋은 자료도 꼭 활용하기 바란다. EHS 코스를 위한 추가 자료는 www.emotionallyhealthy.org/courses에 있다.

소그룹을 위한 지침

미리 준비하기

함께하는 시간이 유익하기 위해서 《정서적으로 건강한 영성》의 해당 장을 빠짐없이 읽는 것이다. 또한 모임 때마다 소그룹 워크북과 묵상집 《정서적으로 건강한 영성 하루 묵상》을 지참하게 하라.

자기 자신에 대해 말하기

"나는~"라는 문장을 사용하라. 각 사람은 자신에 대해서 전문가이다. 예를 들어, "모두 바쁩니다"라고 하는 대신에 "나는 바쁩니다", "우리는 용서가 힘들어요"라고 하는 대신에 "나는 용서하기가 힘들어요"라고 말하라.

남을 존중하기

자기 생각은 시간을 정해, 간략하게 말하라. 시간 제한이 있고 남들도 나누고 싶어 할 수 있다는 것에 유념하라. 너무 나서서 남을 고치려고 하거나, 구원해 주려고 하거나, 바로잡아 주려고 하지 말라.

사람들의 신앙 여정을 존중하고, 성령님이 각 사람을 진리 가운데로 인도해 주실 것을 신뢰하라. 하나님의 때가 모두에게 존재한다. 그룹 안의 나눔에 즉각적인 처방을 내리고 싶은 유혹에 저항하라.

열린 마음 갖기

나눔의 시간에 다른 사람을 판단하거나 내 의견을 방어하고 싶은 마음이 들면, 잠시 혼자 생각해 보라. '그가 왜 그렇게 믿게 되었는지 궁금해. 그가 지금 어떤 기분인지 궁금해. 지금 내가 보이는 이 반응이 뭘 말해 주는 건지 궁금해.'

침묵으로부터 배우기

그룹원들이 나눌 때 한 사람의 대답 후에는 잠시 침묵하며 그룹원들이 생각할 시간을 주어도 괜찮다. 반드시 나누어야 할 필요가 없음을 기억하라.

나눈 것은 외부에 말하지 말기

열려 있고 정직한 참여를 할 수 있는 안전한 환경 조성을 위해 개인의 경험만 나누십시오. 또한 다른 사람이 그룹 안에서 나눈 개인적인 내용은 그룹 밖에서 말하지 말아야 합니다. 그러나 자신의 이야기나 개인적 성장에 대해서는 자유롭게 나누어도 됩니다.

모임의 시간 엄수

정시에 도착하기로 작정하라.

예수님과 함께 있는 것이 이 훈련의 중심이다.
하루에 두세 번 하나님의 음성을 듣고
하나님과 함께 있기 위해 침묵하는 훈련을 배우는 것이
깊은 인격적 변화로 이어지는 핵심 제자 훈련이다

1과

정서적으로
건강하지 못한
영성의 문제

첫 번째 그룹 모임 전에, 《정서적으로 건강한 영성》 책의 1장을 읽으라.

매일기도(Daily Office) 하기 (10분)

시작하기 위해 묵상집 《정서적으로 건강한 영성 하루 묵상》 1주의 매일기도 중 하나를 선택해 묵상해 보라(리더들은 "리더 가이드"의 일반 가이드라인 2번(151쪽)을 참조하라).

인트로(Introduction, 3분)

정서적 건강과 영적 성숙은 분리될 수 없다. 영적으로 성숙하면서 정서적으로 미성숙한 것은 불가능하기 때문이다.

물론 삶의 정서적 면을 무시하고 겉으로만 그리스도인으로서의 훈련이나 활동을 할 수 있다. 그러나 우리의 과거로부터 깊이 뿌리 내린 행동은 우리가 그리스도 안에서 성숙한 참된 삶을 사는 것을 계속적으로 방해한다.

우리는 자주 내면과 주변에서 일어나는 일들을(정서적 건강) 살펴보기를 등한시하고, 분주한 일상에 치여, 속도를 늦추어 하나님과 함께 있는 시간(관상적 영성)을 갖지 못한다.[1] 그 결과 영적 유아의 상태에 머물러 있고, 그리스도 안에서 영적, 정서적으로 성숙한 어른으로 발달하는 데 실패한다.

우리 교회에 출석하는 제인은 그것을 아주 잘 표현했다. "나는 22년 동안 그리스도인이었습니다. 그러나 지금 나는 22세의 그리스도인이 아니라, 22년 동안 한 살의 그리스도인으로 살았습니다! 나는 그저 똑같은 것을 반복하고, 반복했습니다."

편안하고 유익한 소그룹 활동이 되도록 "소그룹을 위한 지침"(14-15쪽)을 소리 내어 읽으라.

서로를 알아가기(Growing Connected, 10분)

1. 당신의 이름은 무엇이며 그룹에서 무엇을 얻기 원하는지, 당신이 온전히 살아있다고 느끼게 하는 것은 무엇인지에 대해 나누라(예: 자연, 음악, 스포츠, 독서 등).

강의 듣기(Live Lecture, 19분)

2. 리더의 강의를 듣고 아래 빈칸에 당신이 느낀 것을 적어 보라.

그룹 토론(Group Discussion, 45분)

그룹 스타트(Group Starters, 10분)

3. 다음은 정서적으로 건강하지 못한 영성의 10가지 증상이다. 아래 항목들을 다 함께 소리 내어 읽으라. 오늘 당신에게 해당하는 증상에 체크 표시를 하라. 그러고 나서 그룹원과 나누라.

☐ **1. 하나님께로부터 도망치고자 하나님을 이용한다**

예) 내 삶을 그리스도인의 활동으로만 채우고, 삶의 어려운 쟁점들을 회피한다.

☐ **2. 분노, 슬픔, 두려움 같은 감정들을 무시한다**

예) 나의 기분, 상처, 아픔에 대해 자신과 남에게 솔직한 경우가 드물다.

☐ **3. 자신의 정당한 욕구조차 거부한다**

예) 나는 하나님이 주신 갈망과 즐거움을 부정하는 경향이 있다. 가령 우정, 기쁨, 음악, 아름다움, 웃음, 자연 등에 대해서 그렇다. 그런 한편, 자기보호, 자기방어, 자기 취약성을 노출하지 않는다. 판단하는 태도 등을 극복하기가 어렵다.

☐ **4. 현재에 미치는 과거의 영향력을 부정한다**

예) 원 가족과 과거의 의미 있는 사람들이나 사건들이 나의 현재를 어떻게 형성했는지를 잘 생각하지 않는다.

☐ 5. 우리 삶을 '속된 것'과 '거룩한 것'으로 양분한다

　　예) 하나님을 '기독교 활동'에만 국한시키고, 일하거나, 쇼핑하거나, 공부하거나, 여가 시간을 가질 때는 잊는다.

☐ 6. 하나님과 동행하기보다 사역에만 바쁘다

　　예) 나의 영성을 하나님을 위해 얼마나 많은 일을 하느냐로 평가하는 경향이 있다.

☐ 7. 갈등을 회피하기 위해 영적 포장을 시도한다

　　예) 나는 진정한 평화를 이루지 못하게 하는 논쟁을 피하고 긴장을 덮으며 갈등을 피한다. 나는 예수님이 하셨던 것처럼 가짜 평화를 깨뜨리지 않는다.

☐ 8. 상처, 약함, 실패를 은폐한다

　　예) 나의 상처, 약함, 실패에 대해 자유롭게 말하기가 어렵다.

☐ 9. 한계를 인정하지 않는다

　　예) 주변 사람들에게 "혼자 다 하려" 하거나 "감당할 수 있는 분량 이상의 에너지를 사용한다"라는 말을 종종 듣는다.

☐ 10. 다른 사람들의 신앙을 판단한다

　　예) 나는 종종 주변 사람들의 결점에 몰두하거나 그것 때문에 괴로워한다.

성경 공부(Bible Study, 35분)

오늘 본문에서 우리는 이스라엘의 첫 번째 왕인 사울과 하나님의 선지자로서 사울에게 말씀을 전하는 사무엘을 본다. 앞서 사울은 하나님께 지시를 받았다. 3절 말씀이다. "아말렉을 쳐서 그들의 모든 소유를 남기지 말고 진멸하되." (당시의 아말렉 족속은 죄악된 문화와 악하고 파괴적인 민족으로 유명했다)

그러나 사울은 군사들의 바람에 따라 하나님의 뜻의 일부만 수행했다. 사무엘상 15장 7-24절을 읽으라.

⁷ 사울이 하윌라에서부터 애굽 앞 술에 이르기까지 아말렉 사람을 치고 ⁸ 아말렉 사람의 왕 아각을 사로잡고 칼날로 그의 모든 백성을 진멸하였으되 ⁹ 사울과 백성이 아각과 그의 양과 소의 가장 좋은 것 또는 기름진 것과 어린 양과 모든 좋은 것을 남기고 진멸하기를 즐겨 아니하고 가치 없고 하찮은 것은 진멸하니라 ¹⁰ 여호와의 말씀이 사무엘에게 임하니라 이르시되 ¹¹ 내가 사울을 왕으로 세운 것을 후회하노니 그가 돌이켜서 나를 따르지 아니하며 내 명령을 행하지 아니하였음이니라 하신지라 사무엘이 근심하여 온 밤을 여호와께 부르짖으니라 ¹² 사무엘이 사울을 만나려고 아침에 일찍이 일어났더니 어떤 사람이 사무엘에게 말하여 이르되 사울이 갈멜에 이르러 자기를 위하여 기념비를 세우고 발길을 돌려 길갈로 내려갔다 하는지라 ¹³ 사무엘이 사울에게 이른즉 사울이 그에게 이르되 원하건대 당신은 여호와께 복을 받으소서 내가 여호와의 명령을 행하였나이다 하니 ¹⁴ 사무엘이 이르되 그러면 내 귀에 들려오는 이 양의 소리와 내게 들리는 소의 소리는 어찌 됨이니이

까 하니라. [15] 사울이 이르되 그것은 무리가 아말렉 사람에게서 끌어 온 것인데 백성이 당신의 하나님 여호와께 제사하려 하여 양들과 소들 중에서 가장 좋은 것을 남김이요 그 외의 것은 우리가 진멸하였나이다 하는지라 [16] 사무엘이 사울에게 이르되 가만히 계시옵소서 간 밤에 여호와께서 내게 이르신 것을 왕에게 말하리이다 하니 그가 이르되 말씀하소서 [17] 사무엘이 이르되 왕이 스스로 작게 여길 그때에 이스라엘 지파의 머리가 되지 아니하셨나이까 여호와께서 왕에게 기름을 부어 이스라엘 왕을 삼으시고 [18] 또 여호와께서 왕을 길로 보내시며 이르시기를 가서 죄인 아말렉 사람을 진멸하되 다 없어지기까지 치라 하셨거늘 [19] 어찌하여 왕이 여호와의 목소리를 청종하지 아니하고 탈취하기에만 급하여 여호와께서 악하게 여기시는 일을 행하였나이까 [20] 사울이 사무엘에게 이르되 나는 실로 여호와의 목소리를 청종하여 여호와께서 보내신 길로 가서 아말렉 왕 아각을 끌어 왔고 아말렉 사람들을 진멸하였으나 [21] 다만 백성이 그 마땅히 멸할 것 중에서 가장 좋은 것으로 길갈에서 당신의 하나님 여호와께 제사하려고 양과 소를 끌어 왔나이다 하는지라 [22] 사무엘이 이르되 여호와께서 번제와 다른 제사를 그의 목소리를 청종하는 것을 좋아하심 같이 좋아하시겠나이까 순종이 제사보다 낫고 듣는 것이 숫양의 기름보다 나으니 [23] 이는 거역하는 것은 점치는 죄와 같고 완고한 것은 사신 우상에게 절하는 죄와 같음이라 왕이 여호와의 말씀을 버렸으므로 여호와께서도 왕을 버려 왕이 되지 못하게 하셨나이다 하니 [24] 사울이 사무엘에게 이르되 내가 범죄하였나이다 내가 여호와의 명령과 당신의 말씀을 어긴 것은 내가 백성을 두려워하여 그들의 말을 청종하였음이니이다

4. 11절에서 사울이 온전히 순종하지 못한 것에 대한 하나님과 사무엘의 반응은 어떠했는가?

   12-13절에 나온 사울의 반응과 어떻게 다른가?

   ---

5. 12절과 24절을 다시 읽으라. 사울의 삶의 수면 밑에서는 사울이 인식하지 못한 어떤 일이(빙산) 일어나고 있는가?

   ---

6. 22-23절을 다시 읽으라. 사무엘이 사울의 불순종을 어떻게 설명하는지 당신의 말로 표현해 보라.

7. 겉으로는 하나님을 예배하고 말씀에 순종하는 척을 하면서, 실제로는 하나님의 말씀에 순종하지 못했던 예를 나누라. (예: 타인의 평가, 이중적인 자기 모습에 대한 회의 등)

8. 23절 상반절의 심각성에 주목하라. 사울이 자신의 빙산을 인식하고 자신의 상황 속에서 하나님의 음성을 듣기 위해 어떠한 긍정적인 단계들을 밟을 수 있었을까? 당신을 위한 그 한 가지 긍정적 단계는 무엇일까?

당신은 사울의 입장이 공감이 되는가, 혹은 공감이 되지 않는가?

_____

_____

_____

적용(Application, 15분)

아래 글과 질문 9, 10을 소리 내어 읽고, 그에 대한 대답을 5분 동안 적어 보라. 그 다음에 질문 10에 대한 당신의 대답을 두세 명이 그룹을 이루어 함께 나누라.

　사울은 자기 내면에 일어나고 있는 일을 몰랐을 뿐 아니라(정서적 건강), 하나님과의 관상적 삶(하나님과 함께 있으면서 하나님을 바라보는 삶-역주)을 (다윗처럼) 일구어내지 않았다. 그의 '행함'은 그가 하나님과 함께 '있음'으로부터 흘러나오지 않았다.
　마찬가지로, 우리도 예수님을 위해 '행함'이 예수님과 함께 '있음'으로부터 흘러나와야 한다. 너무나 흔히 우리는 다른 사람들의 영성으로 대신 살아가고, 분주히 뛰어다니면서 하나님과 관계한다.

9. 삶의 속도를 늦추고 하나님과 함께 있지 못하게 막는 것들은 무엇인가?

_____

_____

_____

10. 아래 도표의 영적 삶이 보여 주는 것은 우리의 활동(행함)이 관상적 삶(예수님과 함께 하는 우리의 내면의 삶)과 균형을 이루지 못하는 상태다. 이제 이 도표처럼 두 원을 그려서, 당신의 활동(행함)과 관상적 삶(하나님과 함께 있음)이 어떻게 균형을 이루고 있는지 보라.[2]

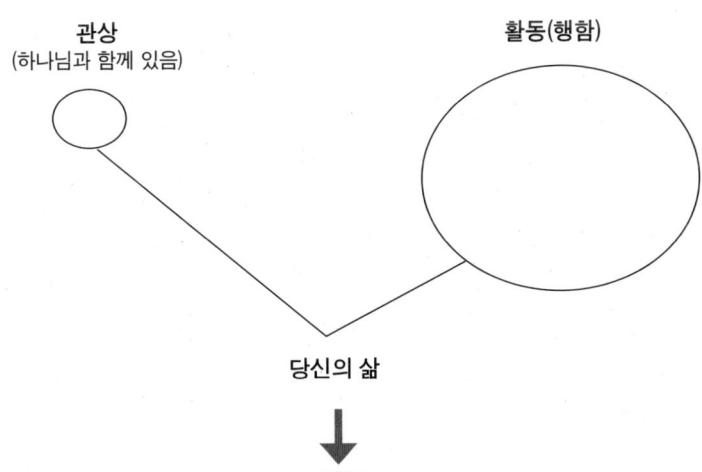

11. 이 책의 나머지 부분에서는 삶을 변화시킬 방법들을 다룰 것이다. 현재의 삶에서 어떠한 한두 가지 간단한 결정을 통해, 삶의 속도를 늦추어 두 원이 균형을 이루게 할 수 있을까?

마무리 요약(Closing Summary, 6분)

1과에 대한 강의를 듣고 당신에게 다가온 것을 아래 빈칸에 적으라.

1과 개인 성경 공부

(Between-Sessions Personal Study)

《정서적으로 건강한 영성》의 2장, "건강하지 못한 영성의 10가지 증상"을 읽으라. 다음 모임에서 나누고 싶은 깨달음과 질문을 아래 빈칸에 적으라.

묵상집 《정서적으로 건강한 영성 하루 묵상》의 1주차를 읽으라. 아래 빈칸에 생각할 질문에 대한 답을 적거나 당신의 생각을 적으라.

DAY 1 생각할 질문

당신의 삶에서 부차적인 것 혹은 하나님을 경험하는 길을 막고 있는 것은 무엇인가?

당신의 삶에 하나님의 음성을 더 듣기 위해 침묵의 자리를 어떻게 더 많이 만들 수 있겠는가?

DAY 2 생각할 질문

하나님이 당신의 삶에 내적, 혹은 외적 폭풍을 보내서서 영적으로 올바르지 않다는 사인을 주신 적이 있는가?

당신은 "이 세상이나 세상에 있는 것들을 사랑하지 말라"(요일 2:15)는 사도 요한의 말을 어떻게 받아들이는가?

_____

_____

_____

DAY 3 생각할 질문

하나님께서 어떤 식으로 당신의 인생과 계획들을 어긋나게 하셔서 하나님께만 의존하게 하시는가?

_____

_____

_____

일상의 분주함이 살아 계신 하나님께 귀 기울이고 친밀히 교제하지 못하도록 어떻게 막고 있는가?

_____

_____

_____

DAY 4 생각할 질문

무엇이 당신을 걱정하고 화나게 하는가?

_____
_____
_____

당신은 오늘 무엇에 화가 났는가? 무엇이 슬픈가? 무엇이 두려운가? 당신의 감정을 정직하게 하나님 앞에 쏟아 놓고, 그분의 음성을 구하라.

_____
_____
_____

DAY 5 생각할 질문

삶의 속도를 늦추고 예수님의 음성에 더 귀 기울이기 위해 필요한 단계는 무엇인가?

_____
_____
_____

삶의 깨짐과 연약함이 어떻게 하나님의 능력으로 나타날 기회가 되는가?

2과

참 자아를 찾기 위해 거짓 자아를 벗어 버리라

○

매일기도(Daily Office) 하기(8분)

시작하기 위해 《정서적으로 건강한 영성 하루 묵상》 2주 매일기도 중 하나를 선택해 묵상해 보라.

인트로(Introduction, 3분)

자기 자신을 아는 것은 하나님과의 관계와 밀접하게 관련되어 있다. 사실, 거짓 자아를 벗어 버리고 새로운 참 자아 안에서 진실하게 살라는 성경의 도전은 진정한 영성의 핵심을 찌른다.

　AD 500년에 어거스틴은 《고백록》에 이렇게 썼다. "자신으로부터 거리가 먼 사람이 어떻게 하나님께 가까이 나아갈 수 있는가?" 그는 기도했다. "주님, 제가 제 자신을 앎으로써 당신을 알게 하소서."

　1530년에 존 칼뱅은 《기독교 강요》의 서두에 이렇게 썼다. "지혜는 두 부분으로 이루어진다. 그것은 하나님을 아는 것과 자신을 아는 것이다. 그러나 이 두 가지는 긴밀하게 서로 연결되어 있어서, 둘 중 어느 것이 더 우선인지 판단하기가 어렵다."

　대부분의 사람들은 자신이 누구인지 모르는 채로 무덤에 간다. 다른 사람의 삶을 살거나, 다른 사람의 기대에 맞추어 산다. 그것은 자신, 하나님과의 관계, 그리고 궁극적으로 다른 사람들에게까지 해를 끼친다.

편안하고 유익한 소그룹 활동이 되도록 "소그룹을 위한 지침"(14-15쪽)을 소리 내어 읽으라.

서로를 알아가기(Growing Connected, 17분)

1. 하루 묵상 보고회: 지난 한 주 동안 《정서적으로 건강한 영성 하루 묵상》으로 하나님을 만날 때, 어떤 장애물, 어려움, 혹은 성공을 경험했는가? 두세 명이 나누라. (7분)

2. 당신이 꿈꾸는 직업에 대하여 설명하라. (그룹의 크기에 따라 다르겠지만, 최대 2분은 넘기지 말라)

강의 듣기(Live Lecture, 13분)

3. 리더의 강의를 듣고 아래 빈칸에 당신이 느낀 것을 적어 보라.

_____

_____

_____

그룹 토론(Group Discussion, 45분)

그룹 스타트(Group Starters, 10분)

다음 문단을 소리 내어 읽고 질문 4에 대하여 혼자 답하라.

정서적으로 건강한 영성으로 진정으로 변화되는 여정은 당신이 자신의 감정을 제대로 느끼는 것을 허락하는 것으로 시작한다. 감정은 우리 인성과 하나님의 형상으로 창조된 고유한 사람됨의 핵심적인 부분이다. 성경은 하나님을 느낌을 가지시는 한 분의 정서적 존재로 계시한다. 하나님의 형상으로 창조된 우리도 느끼고 감정을 경험하는 선물을 받은 채로 창조되었다. 우리들 중 어떤 사람들은 감정을 믿으면 안 된다는 것을 배웠을 것이다. 감정은 위험하고 우리에 대한 하나님의 뜻으로부터 우리를 멀어지게 인도할 수 있다는 것을 배웠을 것이다. 우리가 감정에 지배되지 말아야 한다는 말이 맞지만, 감정은 우리의 제자도와 하나님의 뜻을 분별하는 데 있어서 결정적 기능을 한다.

4. 다음 질문들에 대한 답을 빈칸에 적으라. 그것은 과거, 현재, 미래에 대한 것일 수 있다. 재정, 건강, 관계, 일 등의 영역을 생각해 보라. (5분)

- 당신은 무엇에 화나는가?

- 당신은 무엇에 슬퍼하는가?

- 당신은 무엇을 두려워하는가?

- 당신은 무엇을 기뻐하는가?

_____
_____
_____

5. 당신의 감정을 적어 보니 어떠했는지 그룹 안에서 두세 사람과 나누라.
   (5분)

_____
_____
_____

성경 공부(Bible Study, 35분)

자원자에게 아래 글과 성경 본문을 읽게 하고 다음 질문들을 토론하라.

다윗과 골리앗의 이야기는 매우 유명하다. 이스라엘 군대는 블레셋의 대군과 마주했다. 40일 동안 블레셋의 영웅, 골리앗은 약 3미터에 달하는 키와 강력한 무장을 하고서 이스라엘 군사를 도발했다. "이스라엘 모든 사람이 그 사람을 보고 심히 두려워하여 그 앞에서 도망했다"(삼상 17:24).

다윗이 처음 골리앗의 이스라엘 군대에 대한 조롱과 도전을 듣고 나서부터 살펴보겠다. 사무엘상 17장 26-45절을 소리 내어 읽으라.

²⁶ 다윗이 곁에 서 있는 사람들에게 말하여 이르되 이 블레셋 사람을 죽여 이스라엘의 치욕을 제거하는 사람에게는 어떠한 대우를 하겠느냐 이 할례 받지 않은 블레셋 사람이 누구이기에 살아 계시는 하나님의 군대를 모욕하겠느냐 ²⁷ 백성이 전과 같이 말하여 이르되 그를 죽이는 사람에게는 이러이러하게 하시리라 하니라 ²⁸ 큰형 엘리압이 다윗이 사람들에게 하는 말을 들은지라 그가 다윗에게 노를 발하여 이르되 네가 어찌하여 이리로 내려왔느냐 들에 있는 양들을 누구에게 맡겼느냐 나는 네 교만과 네 마음의 완악함을 아노니 네가 전쟁을 구경하러 왔도다 ²⁹ 다윗이 이르되 내가 무엇을 하였나이까 어찌 이유가 없으리이까 하고 ³⁰ 돌아서서 다른 사람을 향하여 전과 같이 말하매 백성이 전과 같이 대답하니라 ³¹ 어떤 사람이 다윗이 한 말을 듣고 그것을 사울에게 전하였으므로 사울이 다윗을 부른지라 ³² 다윗이 사울에게 말하되 그로 말미암아 사람이 낙담하지 말 것이라 주의 종이 가서 저 블레셋 사람과 싸우리이다 하니 ³³ 사울이 다윗에게 이르되 네가 가서 저 블레셋 사람과 싸울 수 없으리니 너는 소년이요 그는 어려서부터 용사임이니라 ³⁴ 다윗이 사울에게 말하되 주의 종이 아버지의 양을 지킬 때에 사자나 곰이 와서 양 떼에서 새끼를 물어가면 ³⁵ 내가 따라가서 그것을 치고 그 입에서 새끼를 건져내었고 그것이 일어나 나를 해하고자 하면 내가 그 수염을 잡고 그것을 쳐죽였나이다 ³⁶ 주의 종이 사자와 곰도 쳤은즉 살아 계시는 하나님의 군대를 모욕한 이 할례 받지 않은 블레셋 사람이리

이까 그가 그 짐승의 하나와 같이 되리이다 [37] 또 다윗이 이르되 여호와께서 나를 사자의 발톱과 곰의 발톱에서 건져내셨은즉 나를 이 블레셋 사람의 손에서도 건져내시리이다 사울이 다윗에게 이르되 가라 여호와께서 너와 함께 계시기를 원하노라 [38] 이에 사울이 자기 군복을 다윗에게 입히고 놋 투구를 그의 머리에 씌우고 또 그에게 갑옷을 입히매 [39] 다윗이 칼을 군복 위에 차고는 익숙하지 못하므로 시험적으로 걸어 보다가 사울에게 말하되 익숙하지 못하니 이것을 입고 가지 못하겠나이다 하고 곧 벗고 [40] 손에 막대기를 가지고 시내에서 매끄러운 돌 다섯을 골라서 자기 목자의 제구 곧 주머니에 넣고 손에 물매를 가지고 블레셋 사람에게로 나아가니라 [41] 블레셋 사람이 방패 든 사람을 앞세우고 다윗에게로 점점 가까이 나아가니라 [42] 그 블레셋 사람이 둘러보다가 다윗을 보고 업신여기니 이는 그가 젊고 붉고 용모가 아름다움이라 [43] 블레셋 사람이 다윗에게 이르되 네가 나를 개로 여기고 막대기를 가지고 내게 나아왔느냐 하고 그의 신들의 이름으로 다윗을 저주하고 [44] 그 블레셋 사람이 또 다윗에게 이르되 내게로 오라 내가 네 살을 공중의 새들과 들짐승들에게 주리라 하는지라 [45] 다윗이 블레셋 사람에게 이르되 너는 칼과 창과 단창으로 내게 나아오거니와 나는 만군의 여호와의 이름 곧 네가 모욕하는 이스라엘 군대의 하나님의 이름으로 네게 나아가노라

6. 골리앗의 도전을 들은 다윗의 생각과 감정은 어떠했을지 당신의 말로 표현해 보라. (26절)

7. 다윗이 주변 사람들로부터 들은 도전이나 비난의 메시지들은 무엇인가?

- 가족으로부터(28절)

- 사울로부터(33, 38절)

- 골리앗으로부터(41-45절)

8. 만일 당신이 다윗이라면 어떤 감정을 느끼겠는가? (예: 형제자매에게 혹은 권위를 가진 인물에게, 골리앗과 같이 위협적인 인물에게)

9. 다윗은 자신을 다른 사람으로 만들려 하는 거센 힘과 압력에 어떻게 대항했는가? 다윗이 진정한 참 자아를 삶에 실현할 수 있었던 이유는 무엇인가?

10. 당신은 삶의 어떤 부분에서 혹은 누군가에 대해 진정한 자신이 되기 어려운가?(주의: 정직하게 "아니오"라고 말하기, 혹은 남들의 평가나 생각을 두려워하지 않기)

....
....
....

적용(Application, 15분)

다음 질문들에 대하여 혼자 5분 동안 기도하는 마음으로 적으라.(5분)

11. 현재 당신이 입고 있는 벗어 버려야 할 갑옷은 무엇인가?

....
....
....

12. 대부분의 사람들은 참 자아와 거짓 자아를 구별하는 것이 익숙하지 않다. 어디서부터, 무엇부터 시작해야 좋을지 알기 어려울 수도 있다. 다음 문장을 완성해 보라. 그것을 가지고 당신의 그룹과 나누며 참 자아를 찾는 첫 단계로 삼으라.

"내가 나 자신에 대해 깨닫기 시작한 것은…"

_____

_____

_____

13. 두세 사람과 그룹을 이루어 위 문장에 대하여 나누라. (10분)

마무리 요약(Closing Summary, 6분)

2과에 대한 강의를 듣고 당신에게 다가온 것을 아래 빈칸에 적으라.

_____

_____

_____

_____

_____

_____

2과 개인 성경 공부

(Between-Sessions Personal Study)

《정서적으로 건강한 영성》의 3장, "온전한 성장, 정서와 영성의 통합"을 읽으라. 그룹의 다음 모임에서 나누고 싶은 깨달음과 질문을 아래 빈칸에 적으라.

《정서적으로 건강한 영성 하루 묵상》의 2주차를 읽으라. 아래 빈칸에 생각할 질문에 대한 답을 적거나 매일 당신의 생각을 적으라.

DAY 1 **생각할 질문**

당신을 향한 예수님의 계획에 신실하게 반응하기보다 남들의 기대에 굴복하게 하는 것들은 무엇인가?(구체적으로 답하라)

하나님이 당신에게 제거하라고 초청하시는 거짓 자아의 한 꺼풀은 무엇인가?

DAY 2 **생각할 질문**

당신의 인생에서 무시해 왔거나 발견하지 못한 하나님이 주신 '천부적' 은사나 선물은 무엇인가?

베르나르의 4단계 사랑 중에서 당신은 현재 어디에 속해 있는가?

DAY 3 생각할 질문

안토니의 인생 이야기에서 당신에게 가장 인상적으로 다가온 것은 무엇인가?

하나님께서 당신의 내면과 신앙을 개발하시는 것을 느끼는가?

DAY 4 생각할 질문

하나님이 당신에게 인간으로서의 한계를 주셨다는 측면에서, 당신 자신을 존중한다는 것은 무엇인가?

하나님의 불로 태우고자 하는 당신의 속사람의 한 영역은 무엇인가(예: 이기심, 욕심, 원망, 조급함 등등)?

DAY 5 생각할 질문

인간의 인정을 바라기를 그치고, 하나님의 인정만을 추구한다면, 오늘 당신의 하루가 어떻게 변할 것인가?

당신은 삶의 어떤 영역에서 닭의 행동을 하는 독수리의 모습으로 살고 있는가?

3과

당신의
발목을 잡는
과거와 화해하라

o

 매일기도(Daily Office) 하기(8분)

시작하기 위해 《정서적으로 건강한 영성 하루 묵상》 3주의 매일기도 중 하나를 선택하여 묵상해 보라.

인트로(Introduction, 1분)

정서적으로 건강한 영성은 하나님이 우리를 특정한 가정, 특정한 장소, 특정한 역사의 순간에 태어나게 하셨다는 선택을 받아들이는 것을 포함한다.

우리의 과거를 받아들이는 그 선택이 기회와 축복이 된다. 또한 우리의 인생 여정 내내 어느 정도의 '정서적 짐'도 된다. 우리들 중 어떤 사람들에게는 그 짐이 작고, 어떤 사람들에게는 무겁다.

참 영성은 우리를 자유롭게 해 현재를 만족하며 즐겁게 살게 한다. 즐겁게 살기 위해서는 과거를 돌아보고 인정해야 한다. 이 과정은 교회 가족 안에서 영성과 제자훈련의 핵심이 된다. 우리는 과거의 죄악 되고 파괴적인 패턴을 끊고 자유하게 되어 하나님이 의도하신 사랑의 삶을 살아야 한다.

서로를 알아가기(Growing Connected, 10분)

1. 하루 묵상 보고회: 지난 한 주 동안 《정서적으로 건강한 영성 하루 묵상》으로 하나님을 만날 때, 어떤 장애물, 어려움, 혹은 성공을 경험했는가? 두세 명이 나누라. (7분)

_____

_____

_____

2. 당신은 어떤 분위기의 가정에서 자랐는가? 한두 가지 단어로만 설명해 보라(예: 긍정적인, 불평하는, 비판적인, 친근한, 화난, 긴장된, 협력하는, 경쟁적인, 가까운, 소원한, 재미있는, 딱딱한 등).

_____

_____

_____

강의 듣기(Live Lecture, 13분)

3. 리더의 강의를 듣고 아래 빈칸에 당신이 느낀 것을 적어보라.

_____

_____

_____

그룹 토론(Group Discussion, 40분)

그룹 스타트(Group Starters, 7분)

4. 전진하기 위해 뒤돌아가야 하는 필요성은 두 가지 핵심 성경 진리로 요약될 수 있다.

- 우리 가정의 2-3세대 전의 축복과 죄가 현재 누구인가에 심오한 영향을 미친다.
- 제자가 되려면 원 가정의 죄악 된 패턴을 벗고, 하나님의 가족 안에서 하나님의 방법으로 삶을 살아가는 것을 다시 배워야 한다.

원 가정의 건강하지 못한 반복된 행동과 주제를 분별하기 위해 과거를 직면해야 할 때 가장 걱정되거나 두려운 것은 무엇인가? 설명하라.

성경 공부(Bible Study, 33분)

자원자가 다음 글을 읽고 난 후에, 5번 질문에 답하라.

> 가족은 2-4대가 함께 삶의 여러 시기와 장소를 살아나가며 정서적 공동체를 이루는 제도이다. 한 사람이 가정에서 태어날 때, 가정 내의 관계 방식, 가치, 세상을 살아가는 방식을 물려받는다(입양 아동은 출생 가족의 특질을 물려받을 뿐 아니라, 입양 가정의 특질도 받는다). 당신의 가족사와 개인사는 결코 분리될 수 없다.
>
> 이에 대하여 요셉은 적합한 좋은 예다. 요셉은 복잡한 혼합 가정에 태어났다. 아버지 야곱, 야곱의 두 부인, 두 첩, 자녀들이 모두 한 지붕 아래 살았다. 요셉은 야곱이 특별히 총애하는 아들이었다. 그 결과, 형들은 시기로 인해 요셉을 상인에게 팔았다. 그들은 요셉을 다시 볼 것을 기대하지 않았다. 그후 요셉의 삶은 매우 어려웠다. 10-13년 동안은 노예로 살았고, 나중에는 강간범이라는 누명을 쓰고 감옥에서 살았다.

5. 당신이 요셉처럼 자유의 희망 없이 감방에 앉아 있는 것을 상상해 보라. 그렇게 만든 가족에 대해 어떤 생각, 감정, 의심을 갖겠는가? 더불어 자신과 하나님에 대해서는 어떠한가?

이제 아래 글과 성경 본문을 읽고 질문에 답하라

하나님의 기적적 개입을 통해서, 요셉은 감옥에서 이끌려나와 애굽의 2인자가 되었다. 후에 이스라엘의 기근 때 형들이 양식을 구하러 애굽에 오자, 요셉은 형들에게 아버지를 모시고 와서 애굽에 살라고 초청했고, 형들은 기꺼이 따랐다. 그러나 야곱이 죽은 후, 형들은 걱정이 되었다. 창세기 50장 15-21절을 읽으라.

> [15] 요셉의 형제들이 그들의 아버지가 죽었음을 보고 말하되 요셉이 혹시 우리를 미워하여 우리가 그에게 행한 모든 악을 다 갚지나 아니할까 하고 [16] 요셉에게 말을 전하여 이르되 당신의 아버지가 돌아가시기 전에 명령하여 이르시기를 [17] 너희는 이같이 요셉에게 이르라 네 형들이 네게 악을 행하였을지라도 이제 바라건대 그들의 허물과 죄를 용서하라 하셨나니 당신 아버지의 하나님의 종들인 우리 죄를 이제 용서하소서 하매 요셉이 그들이 그에게 하는 말을 들을 때에 울었더라 [18] 그의 형들이 또 친히 와서 요셉의 앞에 엎드려 이르되 우리는 당신의 종들이니이다 [19] 요셉이 그들에게 이르되 두려워하지 마소서 내가 하나님을 대신하리이까 [20] 당신들은 나를 해하려 하였으나 하나님은 그것을 선으로 바꾸사 오늘과 같이 많은 백성의 생명을 구원하게 하시려 하셨나니 [21] 당신들은 두려워하지 마소서 내가 당신들과 당신들의 자녀를 기르리이다 하고 그들을 간곡한 말로 위로하였더라

6. 15절에서 형들은 요셉에 대해 어떤 추측을 하는가?

7. 요셉이 울었던 이유는 무엇인가?(17절)

8. 요셉은 그의 원 가정이 상한 감정과 갈등을 다루던 일반적인 방법을 깨뜨리고, 형들을 용서하기로 선택했다. 만일 당신이 요셉이라면 어떻게 반응했을까?(요셉의 입장이 되어 정직하게 말해 보라)

9. 19-21절을 천천히 다시 읽으라. 우리는 요셉이 자기의 삶에서 겪은 사건들에 어떻게 반응하는지 본다. 그 반응의 여러 면들을 아래에서 유의해서 살펴보라. 당신의 삶을 생각해 볼 때, 무엇이 당신에게 다가오며 그 이유는 무엇인가?

- "두려워하지 마소서"
- "내가 하나님을 대신하리이까"
- "당신들은 나를 해하려 하였으나 하나님은 그것을 선으로 바꾸사"

적용(Application, 25분)

10번 질문에 혼자 답해 보라. 11-12번을 그룹이 함께 대답하고 나서, 기도로 마치라.

10. 요셉은 자신이 원 가정의 일원이라는 깊은 인식이 있었다. 좋든 나쁘든, 그것이 자신의 삶에 지대한 영향을 미쳤다는 것을 알았다. 마찬가지로 우리도 원 가정의 진실에 정직하게 직면해야 한다.

  전에 비슷한 실습을 했더라도, 다음 쪽의 도표를 기도하는 마음으로 완성하라. 가정이 우리에게 미친 영향을 심사숙고할 때, 새로운 것을 깨닫기도 한다.

- 당신이 부모님이나 키워 주신 분으로부터 받은 삶에 대한 메시지를 열거하라. (예: 약하면 안 돼. 학력이 전부야. 사랑받으려면 성취해야 해. 슬퍼하지 마. 그러면 더 나빠질지 몰라. 돈을 많이 벌어야 해. 사람을 믿지 마. 그랬다간 상처 받아 등)
- 어떤 '지진'과 같은 큰 사건이 일어나서, 확대 가족에게 '충격'을 주었는지 열거하라. (예: 학대, 때 이른 갑작스러운 죽음이나 상실, 이혼, 수치스러운 비밀이 드러남 등)
- 3개의 네모 칸을 보면서, 당신이 삶, 당신 자신, 다른 사람들에 대한 어떤

아버지(혹은 키워 주신 분)

삶에 대해 받은 메시지

어머니(혹은 키워 주신 분)

삶에 대해 받은 메시지

가족사의
'지진'과 같은 사건들

-
-
-
-

내가 받은 축적된 메시지

메시지를 내면화했는지 되살펴 보라. 그러고 나서 중간의 네모 칸에 '내가 받은 축적된 메시지'를 쓰라.

11. 당신이 받은 메시지(들)를 그룹과 나누라. 그 메시지들은 당신이 예수님의 새 가정 안에서 누구인가를 반영하는 아래의 메시지들과 어떻게 비교되는가?

- 당신이 존재하는 것은 좋다.
- 당신은 사랑받을 만하다.
- 당신은 충분히 착하다. 당신은 충분히 잘한다.
- 당신은 사람들에게 기쁨이 된다.
- 당신 자신의 가치를 더 입증해야 할 것이 없다.
- 당신의 욕구와 필요를 채워 주는 것은 기쁨이다.
- 당신은 실수해도 된다.

12. 원 가정에서 받은 한 가지 구체적인 메시지를 하나님이 오늘 당신에게 계시하여 주셨는가? 그것을 힘들지만 제자 훈련의 일환으로서 적용하길 원하는가?

마무리 요약(Closing Summary, 7분)

3과를 마무리하며 아래에 당신에게 다가온 것을 적으라.

3과 개인 성경 공부

(Between-Sessions Personal Study)

《정서적으로 건강한 영성》의 4장, "자기인식에 정직하라"를 읽으라. 그룹의 다음 모임에서 나누고 싶은 깨달음과 질문을 아래 빈칸에 적으라.

《정서적으로 건강한 영성 하루 묵상》의 3주차를 기도하는 마음으로 읽으라. 아래에 생각할 질문에 대한 답을 적거나 매일 당신의 생각을 적으라.

DAY 1 생각할 질문

과거의 실패와 아픔과 관련해서 하나님이 당신에게 어떤 초청을 하시는가?

_____

_____

_____

당신은 어떤 무거운 짐을 지고서 하나님이 당신 앞에 두신 산을 오르려 하는가?

_____

_____

_____

DAY 2 생각할 질문

당신은 어떤 거짓 자아와 씨름하고 있으며 그리스도께서 당신이 그 자아에 대해 죽어야 한다고 말씀하시는가?

_____

_____

프란시스의 이야기에서 당신에게 가장 큰 영향을 준 것은 무엇인가? 그것을 통해 하나님이 당신에게 주신 말씀은 무엇인가?

_____

_____

_____

DAY 3 생각할 질문

과거의 고통(잘못, 죄, 실패, 실망)을 하나님께 맡긴다는 것은 어떤 것인가?

_____

_____

_____

삶의 어떤 고통이 당신의 인정과 애통을 기다리고 있는가?

_____

_____

_____

DAY 4 **생각할 질문**

세상의 어떤 공간이 당신에 의해 채워지기를 원하는가?(과거를 통해 어떤 미래를 준비하고 있는가?)

나의 아픔으로 남들의 아픔을 이해하게 된 경우들이 있는가?

DAY 5 **생각할 질문**

출애굽기 14장 14-15절의 "여호와께서 너희를 위하여 싸우시리니 너희는 가만히 있을지니라"와 "나아가라"가 당신에게 어떻게 적용될 수 있을까?

시편 131편 1절의 다윗 기도를 보자. "내가 큰 일과 감당하지 못할 놀라운 일을 하려고 힘쓰지 아니하나이다." 당신에게 이 말씀은 어떻게 다가오는가?

4과

한계를 깨달아
그 너머의
삶을 보라

○

매일기도(Daily Office) 하기(8분)

《정서적으로 건강한 영성 하루 묵상》 4주의 매일기도 중 하나를 선택하여 묵상해 보라.

인트로(Introduction, 1분)

정서적으로 건강한 영성은 벽을 통과하는 고통을 요구한다. 혹은 과거에는 그것을 "영혼의 어두운 밤"이라고 불렀다. 물리적 벽이 우리의 전진을 막듯이, 하나님께서 때로 우리의 영적 여정 중에 벽을 통해 우리를 멈추셔서, 인격을 파격적으로 변화시키신다. 종종 우리는 손쓸 수 없는 상황과 위기를 통해 벽에 부닥친다.

어떻게 벽에 부닥치게 되었든, 모든 예수님의 제자는 반드시 벽에 부닥친다. 벽에 부닥쳤을 때, 하나님이 우리 안에서 일하고 계신 역사를 이해하지 못하고 순복하지 못하면 오랜 고통과 지속적 미성숙 혼란이 야기된다. 그러나 벽에서 하나님의 선물을 받아들이면 삶이 영원히 변화된다.

서로를 알아가기(Growing Connected, 10분)

1. 하루 묵상 보고회: 지난 한 주 동안 《정서적으로 건강한 영성 하루 묵상》으로 하나님을 만날 때, 어떤 장애물, 어려움, 혹은 성공을 경험했는가? 두세 명이 나누라. (7분)

2. 인생의 계절을 지나며 당신이 직면하고 있는 최대의 장애물은 무엇인가? 설명하라.

_____

_____

_____

강의 듣기(Live Lecture, 13분)

3. 리더의 강의를 듣고 아래 빈칸에 당신이 느낀 것을 적어보라.

_____

_____

_____

그룹 토론(Group Discussion, 50분)

그룹 스타트(Group Starters, 15분)

《정서적으로 건강한 영성》의 다음 발췌문을 읽게 하고, 4번 질문에 대답하라.

대부분은 세상이 뒤집히는 것 같은 삶의 위기를 통해 이 장벽을 만난다. 예컨대 이혼이나 실직, 가까운 친구나 가족의 죽음, 암의 발병, 교회에 대한 환멸, 배신, 꿈의 좌절, 빗나가는 자녀들, 자동차 사고, 불임, 간절히 원하지만 이뤄지지 않는 결혼, 하나님과의 관계에서 오는 무미건조함이나 기쁨의 상실과 같은 일들이다. 이럴 때 우리는 교회와 하나님, 자기 자신에게 의문을 품는다. 그리고 난생처음 믿음이 아무런 효력이 없다는 것을 발견한다. 답이 없는 의문들이 늘어나면서 믿음이 그 토대까지 흔들리는 것 같다. 이 상황에 하나님은 어디에 계시는지, 무엇을 하고 계시는지, 나의 상황을 어떻게 해결해 주실 것인지, 과연 이 일은 과연 언제 끝나는지 혼란스러울 뿐이다. … 벽은 일생 동안 다양한 모양으로 우리에게 다가온다. 우리가 한 번만 통과하면 되는 일회적인 사건이 아니다. 하나님과 관계를 맺고 살아가는 동안 몇 번이고 벽에 부딪힐 수 있다.

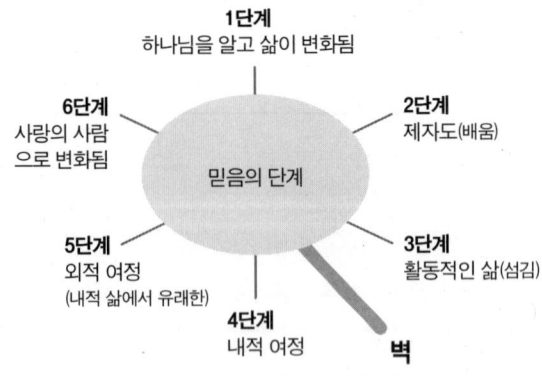

4. 벽을 통과한 적이 있다면, 그것이 당신이 하나님을 바라보는 관점에 어떤 영향을 미쳤는지 간략히 나누라.

_____

_____

_____

성경 공부(Bible Study, 35분)

다음을 읽고 질문들을 토론하라.

아브라함은 이 땅에서 하나님과 순례하는 동안 여러 벽을 통과한 것으로 보인다. 가장 큰 벽은 하나님이 도저히 상상도 못할 것을 그에게 시키신 때였다. 외아들 이삭을 죽이라고 하셨던 것이다. 창세기 22장 1-14절을 읽어보라.

[1] 그 일 후에 하나님이 아브라함을 시험하시려고 그를 부르시되 아브라함아 하시니 그가 이르되 내가 여기 있나이다 [2] 여호와께서 이르시되 네 아들 네 사랑하는 독자 이삭을 데리고 모리아 땅으로 가서 내가 네게 일러 준 한 산 거기서 그를 번제로 드리라 [3] 아브라함이 아침에 일찍이 일어나 나귀에 안장을 지우고 두 종과 그의 아들 이삭을 데리고 번제에 쓸 나무를 쪼개어 가지고 떠나 하나님이 자기에게 일러 주신 곳으

로 가더니 4 제 삼일에 아브라함이 눈을 들어 그 곳을 멀리 바라본지라 5 이에 아브라함이 종들에게 이르되 너희는 나귀와 함께 여기서 기다리라 내가 아이와 함께 저기 가서 예배하고 우리가 너희에게로 돌아오리라 하고 6 아브라함이 이에 번제 나무를 가져다가 그의 아들 이삭에게 지우고 자기는 불과 칼을 손에 들고 두 사람이 동행하더니 7 이삭이 그 아버지 아브라함에게 말하여 이르되 내 아버지여 하니 그가 이르되 내 아들아 내가 여기 있노라 이삭이 이르되 불과 나무는 있거니와 번제할 어린 양은 어디 있나이까 8 아브라함이 이르되 내 아들아 번제할 어린 양은 하나님이 자기를 위하여 친히 준비하시리라 하고 두 사람이 함께 나아가서 9 하나님이 그에게 일러 주신 곳에 이른지라 이에 아브라함이 그 곳에 제단을 쌓고 나무를 벌여 놓고 그의 아들 이삭을 결박하여 제단 나무 위에 놓고 10 손을 내밀어 칼을 잡고 그 아들을 잡으려 하니 11 여호와의 사자가 하늘에서부터 그를 불러 이르시되 아브라함아 아브라함아 하시는지라 아브라함이 이르되 내가 여기 있나이다 하매 12 사자가 이르시되 그 아이에게 네 손을 대지 말라 그에게 아무 일도 하지 말라 네가 네 아들 네 독자까지도 내게 아끼지 아니하였으니 내가 이제야 네가 하나님을 경외하는 줄을 아노라 13 아브라함이 눈을 들어 살펴본즉 한 숫양이 뒤에 있는데 뿔이 수풀에 걸려 있는지라 아브라함이 가서 그 숫양을 가져다가 아들을 대신하여 번제로 드렸더라 14 아브라함이 그 땅 이름을 여호와 이레라 하였으므로 오늘날까지 사람들이 이르기를 여호와의 산에서 준비되리라 하더라

5. 만약 당신에게 "네 아들 네 사랑하는 독자 이삭을 … 번제로 드리라"(2절)고 말씀하시면 어떻게 받아들이겠는가?

6. 아브라함이 아들, 이삭을 결박해 제단에 올려 놓을 때 어떤 '영혼의 어두운 밤'이 아브라함을 괴롭혔을 것인가?(예: 지침, 실패감, 패배감, 공허함, 무미건조함, 불신, 죄책감, 환멸, 하나님께 버림받은 느낌 등)

7. 아브라함의 이야기가 당신이 하나님에 대해 갖던 이미지에 주는 도전은 무엇인가?

8. 우리가 벽을 받아들이고 전진하기 어려운 이유는 무엇인가?(주의: '나는~' 문장으로 말하라)

   _____

   _____

   _____

9. 그리스도 안에서 성장하기 위해 모든 그리스도인은 벽이나 '영혼의 어두운 밤'을 통과해야 한다. 그것은 우리를 새로 만드시고 "우리의 애정과 열정을 청소해서서" 우리가 하나님의 사랑 안에 기뻐하고, 더 풍성하고, 충만한 친교에 들어가게 하시는 하나님의 방법이다. 그렇게 해서 하나님은 우리를 건강하지 못한 애착과 세상의 우상 숭배들로부터 자유로워지게 하신다. 이 폭넓은 관점이 오늘 당신에게 어떤 격려가 되는가?

   _____

   _____

   _____

10. 이 벽은 아브라함에게 하나님을 계시하여 아브라함을, 그리고 아브라함과 하나님의 관계를 영원히 변화시켰다. 아브라함은 가장 절박한 상황 중에도 하나님이 공급자이심을 알게 되었다(14절). 이것이 지금 벽 앞에 서 있는 당신에게 어떤 용기를 주는가?

_____

_____

_____

적용(Application, 15분)

5분 동안 11번 질문에 혼자 답해 보라.

11. 하나님이 벽을 통과하게 하실 때, 우리는 변화된다. 다음 네 가지 특징은 벽을 통과한 후 나타난다.

- 더 많이 깨어진 상태
- 거룩한 무지(신비)를 더욱 귀하게 여기게 됨
- 하나님을 기다리는 능력이 깊어짐
- (세상으로부터) 더 많이 초연해짐

일기 쓰기는 하나님이 변화시키고자 하시는 삶의 영역들이 어디인지 분별하는 강력한 방법이다. 그것은 우리 내면에 무슨 일이 일어나고 있는지 밝혀 준다. 일기 쓰기처럼 '배후의 문제'를 잘 밝혀 주는 방법은 드물다.

위의 특징들 중에서 하나님이 지금 당신 안에서 역사하고자 하신다고 느끼는 한 가지를 선택하라. 하나님이 당신 안에 어떻게 새로운 것을 탄생시키시고 하나님에 대한 불완전하고 미성숙한 개념들을 버리게 하시는지 아래에 당신의 생각과 느낌을 적으라.

마무리 요약(Closing Summary, 10분)

4과를 마무리하며 당신에게 다가온 것을 적으라.

4과 개인 성경 공부

(Between-Sessions Personal Study)

《정서적으로 건강한 영성》의 5장, "과거를 직면하라"를 읽으라. 그룹의 다음 모임에서 나누고 싶은 깨달음과 질문을 아래 빈칸에 적으라.

....

....

....

《정서적으로 건강한 영성 하루 묵상》의 4주차를 읽으라. 아래 빈칸에 생각할 질문에 대한 답을 적거나 매일 당신의 생각을 적으라.

....

....

....

DAY 1 **생각할 질문**

당신이 신뢰해야 하는 하나님의 느린 역사는 무엇인가?

당신 삶의 어둠이나 어려움 속에 어떤 보물이 감춰져 있는가?

DAY 2 **생각할 질문**

어떤 건강하지 못한 집착 혹은 '우상들'을 하나님께서 제거하셔서, 당신을 하나님과 더 깊고, 더 풍성한 친교 속으로 인도하려고 하시는가?

당신은 정체성의 중심에 무엇을 두었는가? 하나님께서 다시 심고 싶어 하시는 정체성은 무엇인가?

_____

_____

_____

DAY 3 생각할 질문

불행한 상황이(시간이 지나면서) 나중에 축복이 되었던 경험이 있는가?

_____

_____

_____

리처드 로의 인용구에서 당신에게 가장 다가온 단어나 구절은 무엇인가? 그 이유는?

_____

_____

_____

DAY 4 **생각할 질문**

기다림을 통해 하나님은 당신을 어떻게 초청하시는가?

_____
_____
_____

하나님이 이끄시는 대로 어디든 가겠다고 당신의 말로 표현하라. (거기에 수반되는 기쁨과 두려움도 함께 적으라)

_____
_____
_____

DAY 5 **생각할 질문**

하나님은 당신이 구름(삶의 시련)을 통해 무엇을 새롭게 배우기를 바라시는가?

_____
_____
_____

4주 저녁 기도문에서 당신 마음에 가장 다가온 것은 무엇인가? 왜 그런가?

....

....

....

5과

슬픔과 상실을 통해 영혼을 확장하라

○

 매일기도(Daily Office) 하기(8분)

《정서적으로 건강한 영성 하루 묵상》 5주의 매일기도 중 하나를 선택하여 묵상해 보라.

인트로(Introduction, 1분)

상실과 손실을 통해 자기 자신을 올바로 알고 강력한 변화가 일어날 수 있다. 단, 우리가 그 과정에 온전히 참여할 용기가 필요하다.

우리는 삶 속에서 많은 '죽음들'에 직면한다. 우리의 문화는 흔히 상실과 애통 '정상적' 삶에 대한 외계인의 침략과 방해 정도로 여긴다. 그러나 선택 여하에 따라 이 죽음들이 치명적이 되어 우리의 영과 삶을 부술 수도 있고 혹은 그리스도 안에서 새로운 가능성과 깊은 변화의 문을 열어 줄 수도 있다.

서로를 알아가기(Growing Connected, 13분)

1 하루 묵상 보고회: 지난 한 주 동안 《성서적으로 건강한 영성 하루 묵상》으로 하나님을 만날 때, 어떤 장애물, 어려움, 혹은 성공을 경험했는가? 두세 명이 나누라.

2. 당신은 실망에 대하여 어떻게 대처하며 자랐는가? 한 예를 들라.

_____

_____

_____

강의 듣기(Live Lecture, 13분)

3. 리더의 강의를 듣고 아래 빈칸에 당신이 느낀 것을 적어보라.

_____

_____

_____

그룹 토론(Group Discussion, 50분)

그룹 스타트(Group Starters, 15분)

4. 지난해 당신이 경험한 한 가지 손실을 간단히 나누라. 그 손실이 당신에게 어떤 영향을 미쳤는가?

성경 공부(Bible Study, 35분)

아래 글과 성경을 읽고, 질문들에 토론하라.

예수님의 활기 넘치고, 인기 있던 지상의 삶과 사역이 끝난 것은 제자들과 따르던 자들에게 엄청난 상실이었다. 그것은 또한 예수님께도 막대한 손실이었다. 그것은 사도 베드로와 예수님의 다른 접근법이다. 마태복음 26장 36-44절을 읽으라.

> 36 이에 예수께서 제자들과 함께 겟세마네라 하는 곳에 이르러 제자들에게 이르시되 내가 저기 가서 기도할 동안에 너희는 여기 앉아 있으라 하시고 37 베드로와 세베대의 두 아들을 데리고 가실새 고민하고 슬퍼하사 38 이에 말씀하시되 내 마음이 매우 고민하여 죽게 되었으니 너희는 여기 머물러 나와 함께 깨어 있으라 하시고 39 조금 나아가사 얼굴을 땅에 대시고 엎드려 기도하여 이르시되 내 아버지여 만일 할 만하시거든 이 잔을 내게서 지나가게 하옵소서 그러나 나의 원대로 마시옵고 아버지의 원대로 하옵소서 하시고 40 제자들에게 오사 그 자는 것을 보시고 베드로에게 말씀하시되 너희가 나와 함께 한 시간도 이렇게 깨어 있

을 수 없더냐 ⁴¹ 시험에 들지 않게 깨어 기도하라 마음에는 원이로되 육신이 약하도다 하시고 ⁴² 다시 두 번째 나아가 기도하여 이르시되 내 아버지여 만일 내가 마시지 않고는 이 잔이 내게서 지나갈 수 없거든 아버지의 원대로 되기를 원하나이다 하시고 ⁴³ 다시 오사 보신즉 그들이 자니 이는 그들의 눈이 피곤함일러라 ⁴⁴ 또 그들을 두시고 나아가 세 번째 같은 말씀으로 기도하신 후

5. 다음은 애통과 상실(손실)로부터 자신을 보호하기 위해 사용하는 흔한 방어기제들이다. 당신이 자주 사용하는 방어기제에 표시하라.

□ 부정
□ 축소
□ 책임 전가
□ 자책
□ 합리화
□ 지적으로 처리함
□ 주의를 분산시킴
□ 적대감을 드러냄
□ 다른 수단들로 처방

6. 예수님은 온전하시고 완전하신 분이심을 기억하라. 36-41절을 잠깐 동안 예수님께만 초점을 맞추어 묵상하라. 예수님이 4번 질문의 체크리스트와 반대로 상실을 다루시고 나아가신 방법들은 무엇인가?

---

7. 예수님의 애통하신 모습의 예는 슬픔과 상실을 받아들이는 것에 있어 당신에게 무엇을 말해 주었는가?

적용(Application, 20분)

5-7분 동안 아래 8-10번 질문에 혼자 답해 보라.

8. 아래 도표의 인생 연령 단계 중에서 두세 개를 선택하여, 그 기간 중에 있었던 의미심장한 상실에 대해 쓰라.

나이	경험한 상실과 실망	그때 당신의 반응
3-12		
13-18		
19-25		

26-40		
41+		

9. 도표를 적으며 어떤 기분이 들었으며 어떤 생각을 했는가? 당신에 대해 새로운 것을 깨달았는가? 설명해 보라.

---

10. 기독교의 중심 메시지 중 하나는 고통과 죽음으로 부활과 새 생명이 도래한다는 것이다. 당신이 상실을 아직 받아들이지 못하여 새 생명이 탄생하길 여전히 기다려야 하는 것이 있는가?

11. 두세 사람의 그룹에서 9-10번 질문에 대한 답을 서로 나누라.

마무리 요약(Closing Summary, 8분)

5과에 대한 마무리를 아래에 적으라.

5과 개인 성경 공부

(Between-Sessions Personal Study)

《정서적으로 건강한 영성》의 6장, "당신의 통제권을 내려놓으라"를 읽으라. 그룹의 다음 모임에서 나누고 싶은 깨달음과 질문을 아래 빈칸에 적으라.

《정서적으로 건강한 영성 하루 묵상》의 5주차를 기도하는 마음으로 읽으라. 아래 빈칸에 생각할 질문에 대한 답을 적거나, 매일 당신의 생각을 적으라.

DAY 1 생각할 질문

"내 뜻대로 마시고 당신의 뜻대로 하옵소서"라는 기도는 당신에게 어떤 의미인가?

손실과 상실을 통해 하나님이 당신의 영혼을 확장시키는 것을 어떻게 생각하는가?

DAY 2 생각할 질문

하나님은 어떤 어려움과 실패를 통해 당신을 하나님 앞에 무릎 꿇게 하시는가?

스패퍼드와 그리스도의 관계에서 당신에게 가장 감동적인 것은 무엇인가?

DAY 3 생각할 질문

오늘 당신 앞에 있는 '막다른 도로' 표지는 무엇인가? 두렵지만 순종하며 가야 할 새로운 길은 무엇인가?

하나님이 당신의 삶에 선물로 주신 한두 가지 한계들을 적어 보라.

DAY 4 생각할 질문

상실이라는 현실을 회피한 적이 있는가? 그 고통스러운 상실의 현실에 들어감으로써 성숙해진다는 것이 당신에게 무엇을 의미하는가?

당신 안에 실제로 있는 그대로를 하나님께 가져가고, 당신 안에 마땅히 있어야 한다고 생각하는 것을 하나님께 가져가지 않는다면, 당신의 기도 생활은 어떻게 바뀔 것인가?

DAY 5 **생각할 질문**

어떤 식으로 당신의 상실을 회피하거나 은폐하여, 내면에 하나님이 깊이 역사하지 못하시게 하는 유혹을 받는가?

당신의 삶에서 하나님이 어떤 '작은 죽음들'을 통해 당신에게 역사하고 계신가?

6과

매일기도가 삶의 리듬이 되게 하라

 매일기도(Daily Office) 하기(8분)

《정서적으로 건강한 영성 하루 묵상》 6주의 매일기도 중 하나를 선택하여 묵상해 보라.

인트로(Introduction, 1분)

많은 사람들이 하나님과의 관계를 개발하고 싶어 한다. 문제는 하나님과 함께 있기 위해 다른 것을 멈추지 못한다는 것이다. 바쁘게 생활하지 않으면, 시간을 낭비하며 생산적이지 못하다는 죄책감을 갖는다. 그것은 마치 중독과도 같다. 마약이나 술에 중독되는 것이 아니라, 업무, 일, 행위에 중독된 것이다.

　그러나 하나님은 우리 삶의 뿌리를 하나님 안에 깊이 내리도록 하는 방법을 제공해 주신다. 그것은 수천 년의 역사를 가진 두 가지 고색창연한 훈련이다. 매일기도와 안식일이 그것이다. 현재의 기독교에서, 매일기도와 안식일은 문화의 기반을 흔들고, 문화와 반대되며, 서구 문화의 급함과 분주함의 기조에 역행한다.

　매일기도와 안식일을 갖기 위해 멈추는 것은 이미 분주한 우리의 일과에 다른 '일거리'를 더하려는 것이 아니다. 삶 전체를 새로운 목표, 하나님을 향해 재조정하는 것이다. 이러한 영적 실행은 매일, 매주 우리로 하여금 늘 하나님의 임재에 주의를 집중하며 살게 한다.

서로를 알아가기(Growing Connected, 10분)

1. 하루 묵상 보고회: 지난 한 주 동안 《정서적으로 건강한 영성 하루 묵상》으로 하나님을 만날 때, 어떤 장애물, 어려움, 혹은 성공을 경험했는가? 두세 명이 나누라.

2. (1=매우 한가함부터 10=매우 바쁨까지의) 1-10점을 척도로 볼 때 당신의 삶은 얼마나 바쁜가? 당신은 몇 점인가?

강의 듣기(Live Lecture, 13분)

3. 리더의 강의를 듣고 아래 빈칸에 당신이 느낀 것을 적어보라.

그룹 토론(Group Discussion, 45분)

그룹 스타트(Group Starters, 10분)

4. 당신이 하나님과 연결되어 있도록 돕는 매일 혹은 매주의 영적 습관은 무엇인가?

성경 공부(Bible Study, 35분)

아래 글과 다니엘서 말씀을 읽고 5-7번 질문에 대답하라. 그 다음에 출애굽기 20장 1-17절의 십계명을 읽고 8번 질문에 대답하라.

고국과 집에서 강제로 이주된 다니엘은 고급교육과 정부고위직을 받았다. 바벨론의 세상적이고 이교적인 가치에 순응하라는 압력은 거셌다. 다음 예는 다니엘이 하나님께 충성스럽게 헌신한 비결 중 하나를 보여 준다. 다니엘 6장 6-10절을 읽으라.

⁶ 이에 총리들과 고관들이 모여 왕에게 나아가서 그에게 말하되 다리오 왕이여 만수무강 하옵소서 ⁷ 나라의 모든 총리와 지사와 총독과 법관과 관원이 의논하고 왕에게 한 법률을 세우며 한 금령을 정하실 것을 구하나이다 왕이여 그것은 곧 이제부터 삼십일 동안에 누구든지 왕 외의 어떤 신에게나 사람에게 무엇을 구하면 사자 굴에 던져 넣기로 한 것이니이다 ⁸ 그런즉 왕이여 원하건대 금령을 세우시고 그 조서에 왕의 도장

을 찍어 메대와 바사의 고치지 아니하는 규례를 따라 그것을 다시 고치지 못하게 하옵소서 하매 [9] 이에 다리오 왕이 조서에 왕의 도장을 찍어 금령을 내리니라 [10] 다니엘이 이 조서에 왕의 도장이 찍힌 것을 알고도 자기 집에 돌아가서는 윗방에 올라가 예루살렘으로 향한 창문을 열고 전에 하던 대로 하루 세 번씩 무릎을 꿇고 기도하며 그의 하나님께 감사하였더라

5. 10절을 소리 내어 다시 읽으라. 이 말씀이 당신에게 무엇을 말하는가?

6. 다니엘의 기도 훈련이 그로 하여금 어떻게 하나님 안에 굳건히 닻을 내리게 했고, 직면한 어려움(압박)에 저항할 수 있게 했다고 생각하는가?

7. 당신이 하루에 두세 번 일을 멈추고 하나님과 함께 있게 하는 것을 막는 장애물은 무엇인가?

다음은 출애굽기 20:1-17에 기록된 십계명이다.

> ¹ 하나님이 이 모든 말씀으로 말씀하여 이르시되
>
> ² 나는 너를 애굽 땅, 종 되었던 집에서 인도하여 낸 네 하나님 여호와니라
>
> ³ 너는 나 외에는 다른 신들을 네게 두지 말라
>
> ⁴ 너를 위하여 새긴 우상을 만들지 말고 또 위로 하늘에 있는 것이나 아래로 땅에 있는 것이나 땅 아래 물 속에 있는 것의 어떤 형상도 만들지 말며
>
> ⁵ 그것들에게 절하지 말며 그것들을 섬기지 말라 나 네 하나님 여호와는 질투하는 하나님인즉 나를 미워하는 자의 죄를 갚되 아버지로부터 아들에게로 삼사 대까지 이르게 하거니와
>
> ⁶ 나를 사랑하고 내 계명을 지키는 자에게는 천 대까지 은혜를 베푸느니라
>
> ⁷ 너는 네 하나님 여호와의 이름을 망령되게 부르지 말라 여호와는 그의 이름을 망령되게 부르는 자를 죄 없다 하지 아니하리라

⁸ 안식일을 기억하여 거룩하게 지키라

⁹ 엿새 동안은 힘써 네 모든 일을 행할 것이나

¹⁰ 일곱째 날은 네 하나님 여호와의 안식일인즉 너나 네 아들이나 네 딸이나 네 남종이나 네 여종이나 네 가축이나 네 문안에 머무는 객이라도 아무 일도 하지 말라

¹¹ 이는 엿새 동안에 나 여호와가 하늘과 땅과 바다와 그 가운데 모든 것을 만들고 일곱째 날에 쉬었음이라 그러므로 나 여호와가 안식일을 복되게 하여 그 날을 거룩하게 하였느니라

¹² 네 부모를 공경하라 그리하면 네 하나님 여호와가 네게 준 땅에서 네 생명이 길리라

¹³ 살인하지 말라

¹⁴ 간음하지 말라

¹⁵ 도둑질하지 말라

¹⁶ 네 이웃에 대하여 거짓 증거하지 말라

¹⁷ 네 이웃의 집을 탐내지 말라 네 이웃의 아내나 그의 남종이나 그의 여종이나 그의 소나 그의 나귀나 무릇 네 이웃의 소유를 탐내지 말라

8. 8-11절의 네 번째 계명을 다시 읽으라. 성경의 안식일은 매주 24시간 동안 4가지 특징을 갖는다

- 멈춘다: 히브리어로 안식일이라는 단어의 의미에 "멈추다"라는 의미가 있다. 우리는 한계가 있다. 그러나 하나님은 보좌에 앉으셔서 세상을 운영하신다. 우리는 다 내려놓고 하나님을 신뢰하도록 부름을 받

왔다.
- 쉰다: 일단 멈추고 나서, 일과 '행위를 쉬도록 부름을 받는다.
- 기뻐한다: 삶의 속도를 늦추고 우리가 받은 것을 즐긴다.
- 관상한다: 보이는 것 안에서 보이지 않는 것을 본다. 하나님이 우리에게 주신 선물 안에서 우리를 둘러싼 생명의 기적의 감추어진 길을 깨닫고자 한다.

지금 당신의 인생에서 안식일을 실행하기 좋은 24시간 단위는 무엇인가?

_____

_____

_____

9. 당신의 일(유급이든, 무급이든)에 관련된 무엇을 멈추어야 할 필요가 있는가?

_____

_____

_____

10. 어떤 활동, 장소, 사람이 당신에게 안식과 기쁨을 주는가?

_____

_____

적용(Application, 25분)

11. "안식일 Q&A"를 살펴보라. 그중 한 질문을 택하여, 두세 사람이 그룹을 이루어, 대답하며 토론해 보라.

12. 아래의 빈칸에 몇 분 동안 시간을 내어 안식일을 당신의 영성 훈련 방법으로 삼기 위해 할 수 있는 단계를 적어 보라.

_____

_____

13. 그 단계를 다른 한 사람과 나누라.

마무리 요약(Closing Summary, 9분)

6과를 마무리하며 당신에게 다가온 것을 적으라.

안식일에 관한
Q & A

1. 왜 나는 24시간 동안 안식일을 지켜야 할까요?

하나님은 우리를 그분의 형상으로 창조하셔서 일과 안식의 리듬을 갖게 하셨다. 그 리듬을 어기면 우리의 영혼이 상한다. 더 나아가, 우리는 무엇을 하는가, 무엇을 생산하는 가로 규정되지 않는다. 단지 그리스도 예수 안에서 하나님의 무조건적인 사랑으로 규정된다. 따라서 하나님의 사랑을 얻기 위해 안식일을 지키지 않는다. 뿐만 아니라 안식일은 하나님의 선물이라는 놀라운 사실 안에 뿌리를 내리고 삶의 균형을 잡는다. 이 놀라운 영성 훈련이 십계명 중 네 번째인 것은 우연이 아니다.

2. 안식일에는 어떤 행동을 해야 하고, 하지 말아야 할지 어떻게 결정해야 할까요?

- 유급이든 무급이든 내 일에 관련된 무엇을 멈추어야 할 필요가 있는가?
- 어떤 활동이 나에게 기쁨과 안식을 주는가?
- 나의 일과를 어떻게 계획해 삶과 세상 속에서 하나님을 더 잘 인식

할 수 있을까?

- 무엇이 오늘 나의 삶에서 하나님의 선하심과 기적을 보게 도와줄까?

린 밥이 말한다. "우리가 안식일에 하기로 선택하는 것은 안식과 생명을 주는 것이어야 한다. 분별이 필요하고 시행착오를 통해 알아내야 한다. 나와 사랑하는 사람들에게 무엇이 효과적이고, 무엇이 숨을 가다듬게 하며, 우리가 하나님의 사랑을 받는 존재라는 것을 기억하게 해 주는지 말이다."

3. 휴일과 안식일이 반드시 필요할까요?

안식일을 준비하려면 최소한 반나절 정도의 시간이 필요하다. 안식일 경험에는 준비 시간이 포함된다. 안식일이 시작되기 전에 무슨 일이 이루어져야 당신(혹은 당신의 가족)이 안식일에 참된 안식을 경험할 수 있는가? 안식일 시작 전에 마쳐야 할 기본적인 일들이 있다(예: 식료품 구입, 빨래, 잡무, 청소, 직장 일 완료, 마지막 전화 통화, 고지서 지불 등). 이런 것들이 완료되어야 안식일에 잘 쉴 수 있고 우리가 원하는 질서와 평화가 임한다.

4. 나는 완벽주의 성향이 있는데 어떻게 해야 할까요?

아무도 안식일을 "완벽하게" 지킬 수 없다. 안식일은 완벽주의를 내려놓고 하나님이 우주를 다스리시게 하는 날이다. 꾸준하지 못하기도 하고, 잘못된 선택도 해 보는 등 시행착오로 배우는 것이다. 최선을 다해 일을 멈추라. 당신이 잘못하는 것은 하나님께 맡기고 당신 자신에게서 초점을 돌려 하나님 안에서 안식하라.

5. 예수님이 우리의 안식일과 안식이 아니신가? 또 하나의 행위에 근거한 의를 만들려는 것은 아닐까요?

예수님 당시에 안식일을 오용하는 세태 속에서도 예수님은 안식일이 선물임을 분명 강조하셨다. "안식일이 사람을 위하여 있는 것이요 사람이 안식일을 위하여 있는 것이 아니니"(막 2:27). 안식일을 지키는 것은 자신의 자유를 사용하는 것이고, 자신이 "고용되는" 도구나 짐을 지는 짐승이 아니라는 선포다. 안식일 준수는 하나님이 안식하셨으므로 안식하라는 초청이다. 이 안식은 만족과 풍성함의 표징이다. 하나님이 인간에게 주신 풍성한 선물로 우리가 쉴 수 있다. 우리가 안식하는 것은 죄, 죽음, 악에서 구속하신 하나님을 온전히 의지한다는 것을 의미한다.

6. 부모 역할을 어떻게 쉴 수 있나요?

물론 기저귀 갈기를 멈출 수 없다. 그러나 청소, 식사 준비, 빨래, 잡무를 쉴 수는 있다. 어떤 일은 가족이 함께할 수 있다. 아기 돌보미를 고용하여 부부만의 시간을 가질 수도 있다. 혹은 당신이 혼자만의 시간을 갖는 동안 아이 돌보기를 배우자에게 맡길 수 있다. 그리고 난 다음에 당신이 자녀를 돌보아서 배우자에게도 동등한 기회를 줄 수 있다.

7. 안식일에 전혀 관심이 없는 자녀에게는 어떻게 해야 할까요?

중요한 점은 안식일이 뭔가를 박탈하는 날이 아니라는 인식이다. 안식일은 기쁨이어야 한다. 단지 뭘 박탈하는 것이 아니라, 더할 수 있는 것을 생각해 보라(예: 특별한 디저트, 영화, 자녀의 연령에 맞는 창의적 가족 활동). 가족에게 강요하는 날이 될 필요는 없다. 자녀가 나이가 들수록 자연히 친구들과 더 어울리려고 할 것이다. 그래도 괜찮다. 자녀의 연령, 기질에 따라 안식일에 여러 번의 전환점이 있을 것이다. 그러나 가능할 때마다 기억하라. 이것은 리듬, 주의, 거룩한 전통을 가정에 이룰 좋은 기회다.

8. 자녀들이 참여할지 모르는 스포츠나 과외 활동은 어떻게 할까요?

일부 활동들은 확실히 멈출 수 있을 것이다. 그러나 어떤 활동들(예: 자녀가 축구를 좋아하는 경우)은 계속하되, 다른 마음가짐으로 할 수 있다. 즉, 자녀의 축구 경기를 보러 갈 때, 다른 여러 가지를 하며 분주하게 굴지 않을 수 있다. 전화를 하며, 이메일을 읽으며, 하프타임이나 타임아웃 때 일에 다른 일을 만들지 않을 수 있다. 그 대신 경기를 즐기거나, 다른 부모들과의 대화에 참여하거나, 운동할 수 있는 인간의 몸을 선물로 주신 것에 대한 감사에 초점을 맞출 수 있다.

9. 예수님처럼 안식일에 긍휼을 베풀되 그것을 일로 만들지 않을 수 있을까요?

안식일에 긍휼을 베푸는 것은 안식일의 영광스러운 풍성함을 반영한다고 유대인들은 믿었다. 우리가 일을 쉬는 것은 마음을 하나님께로 향하기 위해서이고, 하나님은 항상 인간의 필요에 관심을 기울이신다. 우리가 안식일을 가지며 다른 일을 멈출 때, 세상의 문제들에 더 관심을 기울일 수 있다. 그것은 궁극적으로 우리를 더 긍휼하게 한다. 아마도 선한 사마리아인은 그의 안식일에 그렇게 했으리라! 그것이 의무가 되지 않게 주의하라. 작은 돌봄의 행동을 즐겁게 하면서 긍휼하신 하나님과 더 가까워지라.

10. 주일, 토요일 중 어느 날이 정확한 안식일인가요?

바울은 로마서 14장 1-8절에서 유대인, 이방인 다문화 교회 안에서 이 이슈를 다룬다. "어떤 사람은 이날을 저 날보다 낫게 여기고 어떤 사람은 모든 날을 같게 여기나니 각각 자기 마음으로 확정할지니라 날을 중히 여기는 자도 주를 위하여 중히 여기고." 핵심 원리는 매주 같은 날을 지키는 리듬을 갖는 것이다. 예배를 드리는 주일에 하는 것이 가능하다면 분명 최선일 것이다. 안식일이 우리가 하나님을 바라보며 묵상하는 관상의 일부가 되기 때문이다.

11. 안식일에 교회에서 봉사하는 것은 괜찮을까요?

물론 공동체에서 섬겨도 된다. 극소수를 제외하고, 우리의 직업은 교회 일이 아니다. 그러므로 우리가 교회 공동체에서 섬기는 것은 직업이 아니다. 주일학교 교사, 안내위원 등으로 그리스도를 섬기는 것은 기쁨이 된다. 또 기억할 중요한 점이 있다. 자비와 긍휼을 베푸는 것은 하나님이 원래 의도하신 안식일의 잃어버린 요소였는데 예수님이 회복시키셨다. 그리스도가 하셨듯이 사람들을 대하는 것, 어린이, 중고등부, 장년부 등 그 누구에게든 그렇게 하는 것이 교회 봉사의 핵심이다.

6과 개인 성경 공부

(Between-Sessions Personal Study)

《정서적으로 건강한 영성》의 7장, "슬픔을 성장의 원동력으로 삼으라"를 읽으라. 그룹의 다음 모임에서 나누고 싶은 깨달음과 질문을 아래 빈칸에 적으라.

《정서적으로 건강한 영성 하루 묵상》의 6주차를 읽으라. 아래 빈칸에 생각할 질문에 대한 답을 적거나, 매일 당신의 생각을 적으라.

DAY 1 생각할 질문

당신의 하루를 가만히 생각해 보라. 당신이 놓쳐선 안 될 어떤 씨가 하나님으로부터 당신에게 오고 있는가?

당신은 "멈추고 하나님께 순복하며 신뢰하라"는 초청을 어떻게 받아들이고 있는가?

DAY 2 생각할 질문

누구에게도 방해받지 않는 긴 침묵의 시간을 하나님의 음성을 듣기 위해 언제 마련할 수 있는가?

당신의 삶은 어떠한 식으로 하나님이 요구하시는 것보다 더 바쁜가?

DAY 3 생각할 질문

당신을 침묵하지 못하게 막는 것은 무엇인가?

자연의 리듬(가령 봄, 여름, 가을, 겨울, 밤, 낮)을 볼 때, 당신이 자신의 삶에 바라는 리듬은 무엇인가?

DAY 4 생각할 질문

매주 하루를 정해 일상을 멈추는 것에 대해 당신을 가장 두렵게 하는 것은 무엇인가?

_____

_____

_____

안식일을 지키는 것(24시간을 온전히)과 매일의 경건의 시간(몇 분 동안의 미니 안식일)이 당신에게 어떻게 영생을 미리 맛보게 해 주는가?

_____

_____

_____

DAY 5 생각할 질문

이번 주에 당신은 어떻게 하나님이 당신을 안식의 '잠잠한 물가'로 인도하시도록 허락하여, 그분의 무조건적인 사랑과 용납을 경험하겠는가?

_____

_____

"하나님은 당신을 사용하고 싶어 하시는 것이 아니라 당신을 누리고 싶어 하신다"라는 진리가 안식일을 지키는 것에 대한 어떤 비전을 제시하는가?

7과

정서적 성숙을 통해 예수의 참 제자가 되라

 매일기도(Daily Office) 하기(8분)

《정서적으로 건강한 영성 하루 묵상》7주의 매일기도 중 하나를 선택하여 묵상해 보라.

인트로(Introduction, 1분)

그리스도인의 삶의 목표는 잘 사랑하는 것이다. 예수님은 참된 영성이 하나님을 사랑하는 것만 아니라 다른 사람들도 성숙하게 사랑하는 기술을 포함함을 아셨다.

정서적으로 성숙한 그리스도인으로의 성장은 자신을 포함하여 모든 사람을 성스러운 존재로 경험하는 것이다. 즉 마틴 부버가 말했듯이, 모든 사람을 '그것'이 아니라 '그대'로 경험하는 것을 의미한다. 정서적으로 성숙하려면 상대를 존중하는 대화법, 공감하며 경청하는 법, 공정한 갈등 협상, 우리가 남들에 대해 가진 감추어진 기대 파헤치기 등의 기술(이것은 극히 일부)을 배우고, 연습하고, 나의 일부로 통합하는 것이 필요하다.

오늘 선한 사마리아인의 비유에 대한 성경 공부에서 살펴보겠지만, 자기 존중과 남에 대한 긍휼 두 가지는 '나-그내' 관계에 뿌리내린 삶의 일부다.

서로를 알아가기(Growing Connected, 10분)

1. 하루 묵상 보고회: 지난 한 주 동안 《정서적으로 건강한 영성 하루 묵상》

으로 하나님을 만날 때, 어떤 장애물, 어려움, 혹은 성공을 경험했는가? 두세 명이 나누라.

2. 다음 두 가지 목록을 그룹이 함께 적으며 브레인스토밍 하라(가능하면 화이트보드에 적으라): 정서적으로 성숙하지 못한 사람의 특징과 정서적 성숙의 특징들을 나열하라. 그 특징들을 생각하면서, 자신을 어떻게 대하고, 바라보고, 남을 어떻게 대하고 바라보는지 생각하라.

정서적 미성숙	정서적 성숙

강의 듣기(Live Lecture, 13분)

3. 리더의 강의를 듣고 아래 빈칸에 당신이 느낀 것을 적어보라.

그룹 토론(Group Discussion, 45분)

그룹 스타트(Group Starters, 10분)

4. 왜 우리가 그리스도께 헌신하고 그리스도 안에서 성장하면서도, 다른 사람들을 기도로 온전히 돕거나 사랑하는 능력은 자라지 않을 수도 있는가?

성경 공부(Bible Study, 35분)

아래 글과 성경을 읽고, 다음 질문들을 토론하라.

어떤 사람이 골목에서 강도를 당해 두들겨 맞고 벌거벗겨져 거의 죽을 뻔했다는 신문기사를 듣고서도 전혀 동요하지 않을 사람이 누가 있겠는가? 그러한 생생한 삶의 현장이 예수님 시대에도 일어났다. 예수님은 누가복음 10장 25-37절에 기록된 비유를 얘기하셨다. 비참한 이야기 중에 뜻밖의 반전이 일어난다.

²⁵ 어떤 율법교사가 일어나 예수를 시험하여 이르되 선생님 내가 무엇을 하여야 영생을 얻으리이까 ²⁶ 예수께서 이르시되 율법에 무엇이라 기록되었으며 네가 어떻게 읽느냐 ²⁷ 대답하여 이르되 네 마음을 다하며 목숨을 다하며 힘을 다하며 뜻을 다하여 주 너의 하나님을 사랑하고 또한 네 이웃을 네 자신 같이 사랑하라 하였나이다 ²⁸ 예수께서 이르시되 네 대답이 옳도다 이를 행하라 그러면 살리라 하시니 ²⁹ 그 사람이 자기를 옳게 보이려고 예수께 여짜오되 그러면 내 이웃이 누구니이까 ³⁰ 예수께서 대답하여 이르시되 어떤 사람이 예루살렘에서 여리고로 내려가다가 강도를 만나매 강도들이 그 옷을 벗기고 때려 거의 죽은 것을 버리고 갔더라 ³¹ 마침 한 제사장이 그 길로 내려가다가 그를 보고 피하여 지나가고 ³² 또 이와 같이 한 레위인도 그 곳에 이르러 그를 보고 피하여 지나가되 ³³ 어떤 사마리아 사람은 여행하는 중 거기 이르러 그를 보고 불쌍히 여겨 ³⁴ 가까이 가서 기름과 포도주를 그 상처에 붓고 싸매고 자기 짐승에 태워 주막으로 데리고 가서 돌보아 주니라 ³⁵ 그 이튿날 그가 주막 주인에게 데나리온 둘을 내어 주며 이르되 이 사람을 돌보아 주라 비용이 더 들면 내가 돌아올 때에 갚으리라 하였으니 ³⁶ 네 생각에는 이 세 사람 중에 누가 강도 만난 자의 이웃이 되겠느냐 ³⁷ 이르되 자비를 베푼 자니이다 예수께서 이르시되 가서 너도 이와 같이 하라 하시니라

5. 유대인 신학자 마틴 부버에 따르면, 우리가 사람을 목표를 위한 수단이나 대상으로 사용할 때 사람을 '그것'으로 대하는 경향이 있다. 사람을 '그대'로 대하려면 하나님의 형상으로 만들어진 구별된 인간으로 인식하고 존엄성과 존중으로 대해야 한다.³ 만일 당신이 누가복음의 제사장이나 레위인과 같이 그 사람을 그냥 지나쳤다고 가정해 보자. 사람을 '그것'으로 대하고 '그대'로 대하지 않은 이유들은 무엇인가?

---

6. 31-33절을 보라. 사마리아인은 제사장과 레위인이 보고 느끼지 않은 무엇을 보고 느꼈는가?

---

7. 다음 질문들에 대한 당신의 생각을 2분 동안 혼자 적어 보라. 그 다음에 한두 명의 자원자가 대답을 나누라.

- 사람들이 당신을 부정적인 시각으로 보거나, 당신을 열등한 존재로 취급하거나, 당신을 투명인간처럼 지나쳐 간 적이 있는가? 그때 기분이

어땠는가?

- 당신은 누구를 '그것'으로 보거나 존중하지 말라고 가르침을 받은 적이 있는가?

8. 33-36절을 다시 읽으라. 사마리아인의 긍휼한 마음이 그를 멈춰 서게 했고 상처 받은 사람을 돕도록 이끌었다. 동시에, 그는 어떻게 자기존중과 자신에 대한 한계를 드러냈는가?

9. 나와 이웃을 사랑하는 것을 방해하는 것은 무엇인가?

_____

_____

_____

10. 37절의 "가서 너도 이와 같이 하라"를 어떻게 받아들이고 적용하고 있는가?

_____

_____

_____

적용[4](Application, 25분)

아래 글을 읽고서 11, 12번 질문에 먼저 혼자 답해 보라. 그 다음에 두세 명이 그룹을 이루어 13번 질문에 나누고 기도로 마치라.

　서로를 잘 사랑하는 면에서 성장하고 나와 타인을 '그대'로 대우하는 한 방법은 관계 속에서 우리가 갖는 기대를 어떻게 관리하느냐에 달렸다. 기대는 누군가가 어떻게 행동할 것인가에 대한 추정이다. 우리가 어떤 사람에 대해 추정을 하고, 그 추정이 정말 맞는지 확인하지 않는다면, 우리는 그 사람을 '그것'으로 대우하고 '그대'로 대우하지 않는 것이다. 왜 그런가?

우리는 가정을 확인하지 않은 채 결론에 성급하게 뛰어든다. 어떤 사람이 당신에게 화가 났고 그 이유는 당신이 그의 기대를 충족시키지 않은 것이지만, 그가 당신에게 뭘 기대하는지 당신과 소통한 적이 없다면, 어떻게 느낄지 생각해 보라. 그는 단지 당신이 알 것이라고 가정한 것이다.

충족되지 않은 불분명한 기대는 우리의 직장, 학교, 친구사이, 연인 관계, 부부, 운동팀, 가족, 교회에 분란을 일으킬 수 있다. 우리는 우리가 원하는 것을 말하지 않더라도 다른 사람이 알기를 기대한다. 문제는 대부분의 기대가 다음과 같다는 것이다.

- 무의식적이다: 기대가 실망을 맞이하기 전까지 그런 기대를 가졌다는 사실조차 인식하지 못한다.
- 비현실적이다: TV, 영화, 혹은 잘못된 인상을 주는 다른 사람이나 자료의 영향으로 비현실적인 기대를 갖게 될 수 있다.
- 말로 표현하지 않았다: 배우자, 친구, 직원에게 기대하는 바를 말하지 않았으면서도, 기대하는 바가 충족되지 않아서 화가 날 수 있다.
- 합의하지 않았다: 기대하는 바가 뭔지 생각할 수 있지만, 그 생각은 상대방이 합의하지 않은 것일 수 있다.

11. 최근 단순한 기대가 충족되지 않아서 화가 나거나 실망했던 경우를 떠올려 보라(예: 주말에 있었던 직장 파티에 남편이 나와 같이 갈 줄 알았어, 소그룹원들과 소그룹 모임 밖에서도 교제할 시간이 있을 줄 알았어, 십대 자녀들이 밥을 먹고 나서 그릇을 식기 세척기에 넣어 둘 줄 알았어, 상사가 작년에 최소한 5퍼센트는 월급을 인상해 줄 것이라 생각했어). 당신의 경우를 적어 보라.

12. 그 충족되지 않은 기대를 아래의 조사 질문들과 비교해 보라.

- 의식: 당신은 기대를 가졌다는 것을 인식했는가?

- 현실적: 상대방에 대한 그 기대가 현실적이었는가?

- 말했는가: 당신의 기대를 그들에게 분명히 말했는가, 아니면 그저 "그 정도는 당연히 알 거야"라고 생각했는가?

- 동의: 상대방이 그 기대에 동의했는가?

이 원칙을 기억하라. 기대가 당위성을 갖는 것은 상호동의했을 때 뿐이다. 그런 기대에 대해서만 기대할 권리를 갖는다.

13. 두세 명의 그룹으로 나누어서 다음 질문들에 대답하라.

- 당신 기대하고 있는 것에 대해 무엇을 발견했는가?

  _____
  _____
  _____

- 당신은 어떤 단계(들)를 취하여 기대를 발견하고, 말하고, 현실적으로 만들고, 그것에 대해 합의를 이루어서 '나-그대' 방식으로 다른 사람들과 관계하겠는가?

  _____
  _____
  _____

마무리 요약(Closing Summary, 7분)

7과를 마무리하며 당신에게 다가온 것을 적으라.

_____
_____
_____

7과 개인 성경 공부

(Between-Sessions Personal Study)

《정서적으로 건강한 영성》의 8장, "인식하고 날마다 기도하라"를 읽으라. 그룹의 다음 모임에서 나누고 싶은 깨달음과 질문을 아래 빈칸에 적으라.

_____

_____

_____

《정서적으로 건강한 영성 하루 묵상》의 7주차를 읽으라. 아래 빈칸에 생각할 질문에 대한 답을 적거나, 매일 당신의 생각을 적으라.

_____

_____

_____

DAY 1 생각할 질문

어떤 한 걸음을 내딛어, 당신을 (결점이 있는 모습 그대로) 예수님의 손에 맡기고, 예수님을 초청하여 당신을 영적, 정서적으로 성숙한 제자로 빚어달라고 요청하겠는가?

당신은 하나님의 임재를 인식하는 가운데 어떻게 "사람들과 온전히 함께하는 훈련을 하고 있는가?

DAY 2 생각할 질문

탕자에 대한 헨리 나우웬의 글에서 마음속 깊이 당신에게 다가온 말은 무엇인가?

당신이 하나님 앞에서 고요해지는 것을 방해하는 것은 무엇인가?

_____

_____

_____

DAY 3 생각할 질문

이번 주에 당신이 만나는 사람들 안에서 어떻게 예수 그리스도를 보기 '시작'하겠는가?

_____

_____

_____

오늘 만날 사람들을 잠시 떠올려 보라. 당신이 분주함에서 벗어나 속도를 늦추고 그들을 '그것'이 아닌 '그대'로 대하려면 어떻게 해야 하는가?

_____

_____

_____

DAY 4 **생각할 질문**

당신과 함께 있는 사람을 있는 모습 그대로 보지 못하게 때로 당신의 정신을 산만하게 하는 것은 무엇인가?

힘과 지배를 내려놓고, 오늘 어떤 사람을 섬기기를 사랑으로 선택할 방법은 무엇일까?

DAY 5 **생각할 질문**

하나님이 판단하지 말라고 하는 사람이 있는가? 어떻게 그들을 축복하고 자비를 베풀 수 있을까?

어떤 관계 속에서 긴장을 경험하고 있지만 분란을 일으키고 싶지 않은가?

8과

하나님의 길을 신실하게 따라갈 삶의 규칙을 세우라

 매일기도(Daily Office) 하기(8분)

《정서적으로 건강한 영성 하루 묵상》제7주의 매일기도 중 하나를 선택하여 묵상해 보라.

인트로(Introduction, 1분)

만일 모든 사람을, 우리 자신을 포함하여, '그것' 대신 '그대'로 대하는 마음을 키우려면 삶에 대해 주의해야 한다. 삶을 잘 정돈하여 그리스도의 사랑을 관상하고 받아들일 때, 그리스도의 사랑을 남들에게 나누어 줄 수 있을 것이다. 그렇게 함으로써 그리스도께서 우리의 삶을 가족, 친구, 동료, 공동체에 선물이 되게 변화시키신다.

그런데 다시 문제가 되는 것은 우리는 너무 바쁘고, 의도적으로 노력하지 않는다는 것이다. 종종 초점이 없고, 정신이 팔려 산만하며 영적으로 표류해 떠내려간다. 영적 삶을 의도적으로 개발하기 위한 의식적 계획을 갖는 사람은 찾기 드물다.

현재 문화 속에서 성장하는 영성을 가지려면 깊이 생각하고, 의식적이고, 목적 지향적인 계획을 가져야 한다. 그것을 잘 하려면 파묻혀 있는 고대의 보물인 '생활의 규칙'을 발굴해야 한다.

서로를 알아가기(Growing Connected, 12분)

1. 하루 묵상 보고회: 지난 한 주 동안 《정서적으로 건강한 영성 하루 묵상》으로 하나님을 만날 때, 어떤 장애물, 어려움, 혹은 성공을 경험했는가? 두세 명이 나누라.

2. 마지막 과로 진입하기 전에, 지난 일곱 과를 되살펴보는 것이 중요하다.

   - 1과: 사울—하나님과의 정서적인 관계를 모르고 하나님과 관계에 대하여 가꾸지 않음
   - 2과: 다윗—자신의 진정한 자아를 용감하게 실현함
   - 3과: 요셉—매우 어려운 과거에 의해 변화됨
   - 4과: 아브라함—"영혼의 어두운 밤"에 하나님을 신뢰함
   - 5과: 겟세마네의 예수님—하나님의 뜻을 받아들임
   - 6과: 다니엘—하나님 안에 닻을 내림
   - 7과: 선한 사마리아인—타인을 향한 "나-그대" 마음의 모델이 됨

지금까지 과정을 통해 하나님께서 당신에게 어떻게 다가오셨는지의 관점으로 다음 문장을 완성하라. (그리고 시간이 되는 대로 그룹과 간략히 나누라)

"내가 깨닫기 시작한 것은…"

강의 듣기(Live Lecture, 13분)

3. 리더의 강의를 듣고 아래 빈칸에 당신이 느낀 것을 적어보라.

그룹 토론(Group Discussion, 25분)

그룹 스타트(Group Starters, 10분)

4. 약 5분 동안 당신의 삶을 기도, 안식, 일/활동, 관계의 측면에서 생각해 보라. 아래 표의 네 영역에서 현재 구체적으로 무엇을 하여 예수님과의 관계를 함양하고 있는지 적으라. 그리고 나서 그룹과 당신의 함양 습관을 돌아가며 간략히 나누라.

기도	안식
일/활동	관계

성경 공부(Bible Study, 15분)

아래 글과 성경을 읽고 다음 질문들을 토론하라.

사도행전의 첫 기독교 공동체를 통해 삶의 규칙이 소개된다. 규칙이라는 단어는 헬라어 '받침대'에서 나왔다. 받침대는 포도나무 가지가 땅에서 위로 올라가게 해 주는 도구로서, 포도나무가 더 풍성한 결실을 맺게 해 준다. 그렇듯이, 삶의 규칙은 우리를 그리스도 안에 거하고 영적으로 더 결실하게 해 주는 받침대다.[5] 사도행전 2장 42-47절을 읽으라.

> [42] 그들이 사도의 가르침을 받아 서로 교제하고 떡을 떼며 오로지 기도하기를 힘쓰니라 [43] 사람마다 두려워하는데 사도들로 말미암아 기사와 표적이 많이 나타나니 [44] 믿는 사람이 다 함께 있어 모든 물건을 서로 통용하고 [45] 또 재산과 소유를 팔아 각 사람의 필요를 따라 나눠 주며 [46] 날마다 마음을 같이하여 성전에 모이기를 힘쓰고 집에서 떡을 떼며 기쁨과 순전한 마음으로 음식을 먹고 [47] 하나님을 찬미하며 또 온 백성에게 칭송을 받으니 주께서 구원 받는 사람을 날마다 더하게 하시니라

5. 사도행전에서 신자들의 첫 공동체의 삶의 단면을 본다. 그것은 오순절 성령강림 후 3천 명이 그리스도를 믿게 된 직후다. 이 본문이 당신에게 무엇을 말해 주는가?

----

6. 본문에 등장하는 공동체의 삶의 규칙이 무엇인가? 그들이 그리스도 안에서 성장하고 성숙하기 위해 사용한 활동/훈련을 설명하라.

적용(Application, 43분)

아래 글을 읽고서 7번 질문에 혼자 답해 보라(15분). 8-9번 질문에 대한 지침을 따르고 나서 기도로 성경 공부를 마치라.

이제 당신 자신의 개인적인 삶의 규칙을 세울 시간이다. 다음 이야기와 질문들은 당신을 하나님과 가까이 연결해 줄 생활을 막는 것이 무엇인지 당신이 분별하도록 돕기 위한 것이다.

파커 팔머는 그의 책《감춰진 온전함》[6]에서 미국 중서부 지역의 한 농부에 대해 얘기한다. 그는 눈보라에 대비하여 집 뒷문과 헛간을 연결하는 밧줄을 매어 눈보라 속에서도 안전하게 집으로 돌아올 수 있게 했다. 그 눈보라는 빠르고 맹렬했고 매우 위험했다. 눈보라가 최고로 거셀 때는 농부가 자기 손도 보지 못한다. 그래서 많은 사람이 보지 못해서 방향을 상실해 눈보라 속에서 죽었다. 그들은 제자리를 맴돌았고, 때로는 자기 집 뜰에서 길을 잃기도 했다. 밧줄을 놓치면, 집으로 가는 길을 찾는 게 불가능했다. 어떤 사람들은 자기 집 문에서 불과 몇 십 센티미터 떨어진 곳에서 얼어 죽었고, 그들이 안전한 곳에 얼마나 가까이 왔는지 미처 몰랐다. 우리들 중 많은 사람들이 삶의 눈보라 속에 헤매며 영적으로 길을 잃었다.

7. 하나님과 단 둘이 시간을 가지며 다음 질문들에 대답해 보라.

- 당신 삶의 눈보라는 무엇인가?

  _____
  _____
  _____

- 당신 삶에 눈보라를 일으키는 것은 무엇인가? 그것은 어떻게 보이는 것이며, 어떻게 느껴지는 것인가?

  _____
  _____
  _____

- 눈보라로 보이지 않는 것은 무엇인가? 무엇을 잃게 되는가?

  _____
  _____
  _____

- 우리는 모두 하나님과 연결해 주는 밧줄이 필요하다. 모든 밧줄은 더 작은 끈들로 엮여 있다는 점에 주목하라. 지금 당신의 삶에서 무엇으로 밧줄(삶의 규칙)을 만들기 원하는가?

  _____

  _____

  _____

8. 잠시 하나님과의 시간을 가진 후, 둘씩 짝을 맺으라. 당신 혼자 가진 시간에 발견한 것을 나누라(10분).

9. 큰 그룹으로 모여서 눈보라와 자신의 개인적 삶의 규칙에 대해 하나님이 어떻게 다가오셨는지 나누라(13분).

  _____

  _____

  _____

마무리 요약(Closing Summary, 8분)

8과를 마무리하며 당신에게 다가온 것을 적으라.

8과 개인 성경 공부

(Between-Sessions Personal Study)

매일 묵상집 《정서적으로 건강한 영성 하루 묵상》의 8주 차, "정서적으로 건강한 성인으로 성장하기"를 읽으라. 아래 빈칸에 생각할 질문에 대한 답을 적거나, 매일 당신의 생각을 적으라.

_____

_____

_____

DAY 1 생각할 질문

분주한 하루 중에 하나님과의 내적 삶의 개발을 방치하지 않기 위한 당신의 계획은 무엇인가?

_____

_____

왜 하나님과 단 둘만의 시간을 갖는 것이 '당신에게 모든 것을 가르쳐 줄' 수 있는가?

DAY 2 생각할 질문

초대 교인들이 사도행전의 생활방식과 예수님의 삶을 따르기 위해 추구했던 방법 중에 당신에게 직접적으로 다가오는 것은 무엇인가?

당신은 한 주 중 어느 때에 '하나님의 무한한 아름다움을 묵상할' 시간을 가질 수 있는가?

DAY 3 생각할 질문

삶에 '열린 공간'을 만드는 훈련을 한다면, 당신은 어떻게 달라질것인가?

_____

_____

하나님이 오늘 어떤 식으로 당신을 찾으시며 삶의 문을 두드리시는 것일까?

_____

_____

DAY 4 생각할 질문

하나님의 계명의 길로 달려가는 것은 어떤 의미인가?

_____

_____

패트릭의 기도 중 어느 부분이 당신에게 와 닿았는가? 오늘 그것을 마음속에 간직하라.

....

....

....

DAY 5 생각할 질문

당신이 지니고 있는 어떤 두려움을 오늘 아바 아버지께 털어 놓으라.

....

....

....

하나님의 사랑이 당신에게 침노하여 당신을 충만히 채우고, 당신이 '해야 할 것'을 하도록 인도한다면, 그것은 무엇인가?

....

....

....

부록:
리더 가이드

이 책은 정서적으로 건강한 영성의 크고, 깊고, 뿌리까지 파고 들어가는 제자 훈련 패러다임을 당신의 교회에 이루는 필수적 기반을 제공한다. 뉴 라이프 펠로십 교회의 제자 훈련 전략은 www.emotionallyhealthy.org에서 무료 자료를 다운로드 받을 수 있다.

일반 가이드라인

1. 매주 소그룹 워크북의 내용을 반드시 공부하라. 내용과 지침을 숙지하면 편한 마음으로 그룹을 인도할 수 있다. 또 《정서적으로 건강한 영성》의 해당 장도 읽으라.

2. 리더는 묵상집 《정서적으로 건강한 영성 하루 묵상》의 매일기도를 정하라. 1과의 첫 번째 큰 그룹 매일기도는 특히 버거울 것이다. 많은 사람들이 침묵과 일상의 멈춤을 처음 경험하고 시도하기 때문이다. 참가자들에게 《정서적으로 건강한 영성 하루 묵상》을 펴게 하고, 시작하기 전에 요소들을 설명하라. 아래에 있는 침묵과 멈춤의 지침을 보게 하거나, 그것을 파워포인트로 보여 주면서 간략히 소개하라. 이것이 어떤 사람들에게 어려울 수 있지만, 매우 중요한 부분이다. 매주 이 책을 어떻게 인도하고, 당신이 매주 도입으로 무슨 말을 해야 하는지에 대한 구체적인 제안들은 www.emotionallyhealthy.org/courses/the-ehs-course/에 있다.

> 여호와께서 너희를 위하여 싸우시리니
> 너희는 가만히 있을지니라(출 14:14).
>
> - 앉아서 몇 번 심호흡을 하며 침묵 속으로 들어가라.
> - 아주 간단한 기도로 당신이 하나님께 열려 있고 하나님을 갈망함을 표현하라. (예: 아바 아버지, 성령님, 예수님, 제가 여기 있습니다)
> - 눈을 감고 이 기도를 예수님께 드려서, 예수님의 뜻과 사랑이 당신의 생명에 충만히 임하게 허락하라.
> - 정신이 산만해질 때면, 다시 그 단순한 기도를 하나님께 드리라.

3. 이 책 소그룹 워크북과 《정서적으로 건강한 영성》, 《정서적으로 건강한 영성 하루 묵상》을 처음 두 주 동안 비치해 두어, 참가자들이 구입할 수 있게 하라. 만일 가능하다면, 재정 지원이 필요한 사람들을 도우라.

4. 매주 정해진 활동을 하는 것에는 90-120분 정도가 소요된다. 모든 사람들을 존중하여 정시에 시작하고 마치라.

5. 모든 참가자들이 앉을 수 있도록 실내를 편안하게 준비하라. 모두가 한 테이블에 앉아 서로의 얼굴을 볼 수 있는 게 좋다. 15분 전에 도착해서 그룹원들이 들어올 때 각 사람과 인사를 나누라.

6. 내용의 특성 상 나눔이 길어지기 쉽지만, 소그룹 테이블 리더의 중요 임무는 질문에 할당된 시간 안에서 나누도록 돕는 것이다. 매주의 주제는 각각 한 코스로 만들어도 손색이 없을 정도이다. 그러나 우리는 그 과를 모아서 하나의 성경적 틀을 만들어 하나님과 함께 "빙산의 일각 같은 영성"을 넘어서는 삶으로 들어가게 한다. 그래서 사람들의 남은 인생 동안에 그 진리들이 실현될 것이다.

7. 만일 당신의 그룹이 너무 크다면, 서너 명 단위로 나누어 모든 사람이 말할 기회를 갖게 할 수 있다.

8. 필요에 따라 당신이 모범을 보임으로써 나눔을 이끌 수 있다. 인생 여정 중에 일어난 삶의 예들을 허심탄회하게 나누라. 우리는 오직 자신의 삶에 대해서만 전문가라는 것을 명심하라.

9. 각 사람이 그리스도와의 인생 여정 중에 어느 지점에 있는지를 존중하라. 성령께서 각 사람에 맞게 각기 다른 속도로 깨우치시고 인도하실 것이다. 사람들은 천천히 변한다는 것을 명심하라. 물론 당신도 포함해서!

10. 예수님과 함께 있는 것이 이 훈련의 중심이다. 하루에 두세 번 하나님의 음성을 듣고 하나님과 함께 있기 위해 침묵하는 훈련을 배우는 것이 깊은 인격적 변화로 이어지는 핵심 제자 훈련이다 《정서적으로 건강한 영성 하루 묵상》을 가지고 침묵과 정지 속에서 매일 하나님을 신실하게

만나고 참가자들도 그렇게 하도록 격려하라.

2과에서부터 "서로를 알아가기" 단락에 다음 질문이 나온다. "지난 한 주 동안 《정서적으로 건강한 영성 하루 묵상》으로 하나님을 만날 때, 어떤 장애물, 어려움, 성공을 경험했는가?"

추가적 제안들[7]

1. 리더의 질문에 리더 혼자 대답하지 말라. 질문을 좀 다른 표현으로 바꾸어서 참가자들에게 물어도 좋다.

2. 각 질문마다 하나 이상의 대답을 권장하라. "다른 분들은 어떻게 생각하세요?"라고 질문하라.

3. 가능할 때마다 사람들의 대답을 인정해 주라. 당신이 사람들의 참여를 소중히 여긴다는 것을 알려라.

4. 어떤 대답을 거절하지 말라. 만일 분명히 잘못된 대답이라면, "본문의 어떤 내용에서 그런 결론이 도출되죠?"라고 질문하라.

5. 불쑥 주제를 바꾸지 말라. 만일 사람들의 대화가 질문에서 벗어나면, 주제로 되돌아오도록 친절하게 인도하라.

각 과에 대한 구체적인 가이드라인

1과
정서적으로 건강하지 못한 영성의 문제

이것은 일반 가이드라인 외에, 각 단락에 필요한 항목들이다.

△ 과를 시작하기 전에
- 《정서적으로 건강한 영성》 책 1장을 읽으라.
- 《정서적으로 건강한 영성 하루 묵상》 1주에서 하루를 선택하여 시작하라. 2-3분 동안 매일기도, 정지/침묵의 개념을 소개하라. 앞 쪽의 일반 가이드라인 2번을 보라.

△ 인트로
- 반드시 처음에는 그룹 가이드라인을 소리 내어 읽으라.

△ 서로를 알아가기
- 이 첫 번째 "서로를 알아가기" 단락이 다른 단락보다 긴 이유는 그룹을 위한 지침을 함께 숙지하고 "당신의 이름, 그룹에서 무엇을 얻기 원하는지, 당신이 온전히 살아있다고 느끼게 하는 것이 무엇인지에 대해 몇 마디 나누라"를 통해 서로 알아가기 위해서다. 이것을 미리

생각해 두었다가 리더인 당신의 삶의 구체적인 예를 들라.

△ **성경 공부**

- 여자와 어린이를 포함하여 "모든 것을 진멸하라"는 명령은 어려운 도덕적 신학적 문제를 낳는다. 이스라엘이 출애굽 직후 "지쳤을 때" 아말렉의 공격을 받았다(출 17:8-16). 하나님이 하나님의 백성에게 승리를 내려 주신 후에 아말렉을 지면에서 진멸하시겠다고 약속하셨다(출 25:17-18). 하나님이 이제 사울을 통해 그것을 수행하고자 하신다. 첫째로, 이스라엘은 악하고 철저히 죄악된 아말렉의 문화에 대한 하나님의 심판의 도구였다. 둘째로, 모든 형태의 유혹을 제거해야 했다. 그것이 이스라엘을 타락시켜 세상에서 하나님의 택한 도구가 되는 것을 막을 수 있었기 때문이다. 거룩함을 유지하기 위하여 그러한 철저한 조치가 필요했다(신 7:1-6, 20:16-18). 마지막으로, 히브리어로 "진멸하다"는 "야훼께 바치다"를 의미한다. 그래서 전리품은 하나님께 바쳐졌고, 어떤 면에서 그것은 하나님께 바치는 제물이었다.

- (질문 8) 책을 읽지 않은 사람들을 위해 《정서적으로 건강한 영성》 1장에 나오는 빙산 예화를 설명해 주면 좋다.

2과
참 자아를 찾기 위해 거짓 자아를 벗어 버리라

- 《정서적으로 건강한 영성》 책의 제2장을 읽으라.
- 《정서적으로 건강한 영성 하루 묵상》 2주의 매일기도를 하나 선택하라. 매일기도와 정지 및 침묵에 대해 다시 설명하라. 일반 가이드라인의 2번을 보라.

△ **인트로**
- 그룹 가이드라인을 다시 소리 내어 읽으라.

△ **서로를 알아가기**
- 새로 오는 사람들을 위해《정서적으로 건강한 영성 소그룹 워크북》, 《정서적으로 건강한 영성》 책,《정서적으로 건강한 영성 하루 묵상》 묵상집을 준비하라.
- (질문 1) 그룹이 지난 한 주 동안《정서적으로 건강한 영성 하루 묵상》을 읽은 소감을 나누는 첫 시간이다. 두세 명이 나누게 하라. 소감을 나누는 데 7분, 질문 2를 나누는 데 10분을 권장한다.
- (질문 2) 사람들의 선망의 직업이 무엇인지에 대한 질문은 강사나 그룹이 그들의 "참 자아"가 무엇인지 놀랍게 엿보게 해준다.

△ **그룹 스타트**
- 《정서적으로 건강한 영성》에 있는 "하나님의 뜻과 당신의 감정 발견

하기" 단락을 다시 읽어도 좋다. 그것은 하나님의 뜻 분별에 있어서 감정의 역할을 간략히 요약해 준다.

- (질문 4, 5) 이 실습을 하다보면 어떤 그룹원들의 아픔이 도질 수 있다(예: 해소되지 못한 분노, 충분히 애도하지 못한 슬픔, 감춰진 수치심 등). 이 실습의 목표는 한 가지로 제한되어 있다는 것을 기억하라. 그들의 내면에 많은 일이 일어나고 있다는 것을 인식하기 시작하게 하려는 것이다. 지금은 문제를 고쳐 주려고 나서거나 조언할 때가 아니다. 사람들이 감정을 표현할 자리를 마련해 주는 것만으로도 충분한 선물이 된다. 만일 한 그룹원이 "판도라의 상자"를 연다면, 그들이 그것을 인식하고 허심탄회하게 털어 놓아 준 것에 대해 감사를 표하고, 그들이 원한다면 모임 후에 기꺼이 더 이야기를 나누겠다고 알려라. 그러나 당신의 역할은 촉진자 및 소그룹 리더이지, 전문 상담가가 아니라는 것을 인식해야 한다. 어떤 경우에는 그룹 외부로부터 도움을 받도록 안내해 줄 수 있다.

△ **성경 공부**

- 우리의 참 자아로 성장해가는 이 과정을 명료화하는 데 유용한 한 방법은 "차별화(differentiation)"라는 새로운 용어를 통해서다. 그것은 "주변 사람들의 압력과 상관없이 자신의 삶의 목표와 가치를 정의할 수 있는" 능력을 말한다. 차별화 감정 외에 개념에서 강조하는 것으로서 우리 자신을 알기 위한 또 하나의 수단이 있다. 그것은 명확하고 조심스럽게 생각하는 능력이다.

차별화는 당신과 타인을 구별할 수 있는 능력을 포함한다. 당신의 가치와 목표를 주변의 압력에 상관없이 인지하고 당신에게 중요한 사람들과 친밀할 수 있는(함께함) 정도가 차별화 수준에 영향을 미친다. 가령 다윗과 같은 사람들은 남들의 인정이나 반대에 지배되지 않고 자기가 하고 싶은 행동을 선택할 수 있는 차별화된 사람이었다. 격한 감정, 높은 스트레스, 주변 사람들의 걱정에도 그들이 지적으로 생각하는 능력은 압도되지 않았다.

당신의 그룹에서 시간이 되면, 다음 질문을 더할 수 있다.

"다윗이 큰 시련과 압박에서도 자신이 누구인지를 인식했던 능력을 현대 용어로 차별화(differentiation)라고 한다. 만일 다윗이 차별화가 덜 되었다면 형들, 사울, 골리앗에게 어떻게 반응했을까?

3과
당신의 발목을 잡는 과거와 화해하라

이것은 일반 가이드라인 외에, 각 단락에 필요한 항목들이다.

△ **과를 시작하기 전에**
- 《정서적으로 건강한 영성》의 3장을 읽으라.
- 《정서적으로 건강한 영성 하루 묵상》 3주의 매일기도 중에서 하나를 택하여 시작하라.

△ **성경 공부**

- (질문 7) 요셉이 왜 울었는지 확실한 이유는 모르지만, 여러 가능성이 있다. 어쩌면 요셉은 형들의 말과는 달리, 야곱이 형들을 해치지 말라고 요셉에게 지시한 적이 없었기 때문에 울었을 것이다. 어쩌면 요셉은 형들이 변하지 않을 것이라는 것을 깨달았을 것이다. 그들은 여전히 거짓을 말하고 있었다. 혹은 마침내 형들이 요셉에게 자신들의 잔인한 죄를 시인했기 때문일 것이다. 요셉은 마침내 자신의 고통이 인정을 받았기 때문에 울고 있었을 수 있다. 혹은 창세기 37장의 꿈이 성취되었다는 기쁨의 눈물일 수도 있다. 혹은 요셉이 삶의 그 모든 고통 후에 마침내 이 진실의 순간에 이르러 용서할지 말지 중대한 결정을 내려야 하기 때문이었을 것이다.

△ **적용**

- (질문 10) 다른 곳에서 자신의 원 가정을 이미 분석해 보았거나 혹은 그룹 모임 전에 도표를 작성한 사람들에게 이 실습을 다시 한 번 기도하는 마음으로 심사숙고해 보라고 하라. 우리가 이 메시지들을 하나님 앞에서 묵상할 시간을 가질 때 하나님은 종종 놀랍고 신선한 깨달음을 주신다.

4과

한계를 깨달아 그 너머의 삶을 보라

이것은 일반 가이드라인 외에, 각 단락에 필요한 항목들이다.

△ **과를 시작하기 전에**

- 《정서적으로 건강한 영성》의 4장을 읽으라.
- 《정서적으로 건강한 영성 하루 묵상》 4주의 매일기도 중에서 하나를 택하여 시작하라.

△ **그룹 스타트**

- (질문 4) 한 사람이 자기 인생의 벽이 무엇이었는지 허심탄회하게 나누게 되기까지는 시간이 걸린다(때로는 오랜 시간이 걸린다). 이 질문에 할당된 시간이 제한되어 있으므로, 당신이 경험한 벽에 대해 나누어, 제한된 시간 안에 나누는 방법을 그룹원들에게 예시하면 좋을 것이다. 이때에는 미리 심사숙고한 간증이 그냥 터놓고 얘기하는 것보다 나을 수 있다는 것을 우리는 배웠다. 두세 사람이 나눌 시간밖에 되지 않는다.

△ **성경 공부**

- (질문 8) 우리는 하나님에 대해 부정확한 신념, 생각을 가질 때가 있다. 예를 들어, "또 여호와를 기뻐하라 그가 네 마음의 소원을 네게

이루어 주시리로다"(시 37:4)라는 말씀이 우리가 생각하기에 하나님이 원하시는 대로 다 하면, 좋은 일들만 일어날 것이라는 의미라고 생각할 수 있다. 그러나 그렇게 생각하면 우리의 본문 등, 다른 성경 구절들과 모순된다. 성경이 말하는 한, 아브라함은 하나님의 뜻대로 하고 있었다. 그러나 자기 아들을 죽이는 것은 아브라함의 마음의 소원이 아니었다! 욥도 전형적인 예다. 욥은 무고히 고난을 당했다. 욥이 당황한 이유는 까닭 없는 아픔을 겪었기 때문이었다. 심은 대로 거둔다는 원리(갈 6:7-8)를 욥의 친구들이 욥기 3-37장에서 주장했지만 그것은 욥에게 적용되지 않았다. 그런 이유로 우리의 벽을 받아들이는 것이 많은 신자들에게 변화의 관문이 되기보다 오히려 믿음의 위기를 초래한다.

5과

슬픔과 상실을 통해 영혼을 확장하라

이것은 일반 가이드라인 외에, 각 단락에 필요한 항목들이다.

△ **과를 시작하기 전에**
- 《정서적으로 건강한 영성》의 5장을 읽으라.
- 《정서적으로 건강한 영성 하루 묵상》 5주의 매일기도 중에서 하나를 택하여 시작하라.

△ **성경 공부**
- (질문 6) 예수님은 슬픔과 아픔을 깊이 느끼셨다. 예수님은 그것을 "재빨리 털어버리거나" 영적으로 미화하여 제쳐두지 않으셨다. 예수님은 가까운 자들에게 자신의 슬픔을 인정하시고 지원을 요청하셨다. 예수님은 하나님 아버지께 대안을 반복해서 요청하셨으나, 마침내 아버지의 "거절"을 받아들이셨다. 예수님이 고민하시다가 마침내 아버지의 뜻을 받아들이시는 과정을 거치신 것을 우리는 본다.

△ **적용**
- (질문 10) 애도나 슬픔에 관해 두 가지 질문이 자주 등장한다.

1. 내가 현재 슬퍼하고 있는지, 아니면 내가 현재 슬퍼해야 하는 때에 있는지 어떻게 아는가?

당신이 슬퍼하고 있는지 아는 한 방법은 슬픔의 단계에 흔히 나타나는 증상들이 있는지 보는 것이다. 그것은 우울, 분노, 믿어지지 않음, 그리움, 협상이다. 한편, 당신이 상당한 상실을 겪고 있음에도 위의 감정들을 경험하지 않고 있다면, 성숙하고 객관적인 제3자가 당신이 그 과정을 잘 통과하게 도와줄 필요가 있다.

2. 내가 이미 충분히 애도해서 나의 애도가 완료되었는지 어떻게 아는가?

많은 요소들이 얼마만큼의 시간을 애도해야 하는지에 영향을 미친다. 가령, 상실이 깊을수록, 더 오래 애도해야 한다. 자녀가 집을 떠나 대학교 기숙사로 갈 때 느끼는 상실감은 자녀의 비극적 죽음으로 인한 상실감과 다르다. 또 다른 요소는 하나님이 각 사람을 다르게 지으셨음을 존중하는 것이다. 당신에게 필요한 시간과 나에게 필요한 시간이 다를 수 있다. 한 가지 핵심 원칙은 상실로 인한 감정이 솟아오를 때 그 감정을 검열해 억누르지 말아야 한다는 것이다. 예수님이나 다윗이 그랬던 것처럼, 당신이 하나님 앞에서 그 감정을 깊이 느끼는 것을 자신에게 허락하라. 특정한 감정들이 "나쁘다고" 여겨서 검열해 제한하면 우리 삶의 장기적 변화에 필요한 제자훈련 과정이 더 길어지거나 망쳐진다.

6과
매일기도가 삶의 리듬이 되게 하라

이것은 일반 가이드라인 외에, 각 단락에 필요한 항목들이다.

△ 과를 시작하기 전에

- 《정서적으로 건강한 영성》의 6장을 읽으라. 이 과의 핵심 단어는 리듬이다. 그것은 우리의 매일, 매주의 리듬을 말한다. 우리 리더들이 매주 매일기도의 모범을 보여 왔고, 그룹원들이 매일의 리듬 형성에 어떻게 발전하고 있는지 매주 나누어왔으므로, 이 공부의 초점은 안식일이다. 안식일에 대한 더 많은 정보는 www.emotionallyhealthy.org/courses/free- resources/를 보라.
- 《정서적으로 건강한 영성 하루 묵상》 6주의 매일기도 중에서 하나를 택하여 시작하라.

△ 그룹 스타트

- (질문 4) 매일기도는 배워서 하는 영적 훈련이기 때문에 생활 속에 자리 잡기까지 시간이 걸린다. 매일기도가 어려운 사람들노 있을 것이고, 한편 어떤 사람들은 너무 짧다고 느낄 것이다. 매일기도를 하는 동안에 내면의 소음이 끊이지 않아서 힘든 사람들도 있을 것이다. 그룹원들의 반응이 다양할 것에 대비하라. 코스 시작 때부터 쭉 해 온 많은 사람들이 매일기도의 리듬에 잘 적응하고 있기를 바란다.

△ 성경 공부

- (질문 6) 매일기도의 개념은 다윗, 다니엘, 예수님 당시의 유대인들, 초대교회에까지 거슬러 올라가는 유서 깊은 전통이다. 이것은 정해진 시간에 하나님과 함께하기 위해 멈추는 리듬을 통해 우리가 활동하는 하루 종일 "하나님의 임재를 연습하려는" 것이다. 다니엘은 이것에 대해 흠 없는 모델이었다. 물론 예수님도 그러셔서, 자주 혼자 기도하셨다(눅 4:42-44, 5:12, 6:12-13, 11:1).

△ 적용

- 사람들의 질문이 안식일에 대한 Q&A에 있는 내용을 넘어설 수 있다. 그럴 때 모른다고 말하고서, 당신 자신의 안식일을 편안하게 수행해도 된다. 안식일의 주제를 더 보려면《정서적으로 건강한 리더 (*The Emotionally Healthy Leader*)》(두란노)의 제4장, "안식일의 기쁨을 연습하라"를 읽으라. 다른 책으로는 웨인 뮬러의《안식일: 우리의 분주한 삶 속에서 안식, 갱신, 기쁨 찾기(*Sabbath: Finding Rest, Renewal, and Delight in Our Busy Lives*)》가 있다. 안식일에 대한 무료 설교도 www.emotionallyhealthy.org/media/sermons/에 있다. 마지막으로, 이 과의 목표는 안식일에 대한 총체적 성경 공부를 하는 게 아니라, 안식일의 개념을 단지 소개하는 것이라는 점에 유념하라.

7과

정서적 성숙을 통해 예수의 참 제자가 되라

이것은 일반 가이드라인 외에, 각 단락에 필요한 항목들이다.

△ **과를 시작하기 전에**
- 《정서적으로 건강한 영성》의 7장을 읽으라.
- 《정서적으로 건강한 영성 하루 묵상》 7주의 매일기도 중에서 하나를 택하여 세션을 시작하라.

△ **그룹 스타트**
- (질문 4) 이 질문으로 활발한 토론이 이루어질 수 있다! 다음은 가능성 있는 답변의 예다. "우리는 영적 생산성과 은사를 강조하면서 성격의 문제를 간과할 때가 많다. 또한 우리는 성경 지식을 영적 성숙으로 여기면서 정서적 미성숙을 간과한다. 잘 사랑하는 것은 하나님을 위해 사역하는 것보다 측정하기 어렵다." 이 토론을 정해진 시간 안에 마치고 다음 단락으로 이동하도록 준비하라.

△ **성경 공부**
- (질문 9) 자기 자신을 잘 돌보는 것과 남들을 위해 자신을 내어주는 것 사이에 창조적 긴장과 건강한 균형을 유지하는 것이 중요하다. 둘 중 어느 한 극단으로 치우치면, 사람들을 대하기가 지겨워지거나 우리 주변의 절박한 사람들을 완전히 등한시하게 된다. 사마리아인

은 상처 받은 사람을 도우려고 멈추어 섰다. 그러나 그때 그는 자기인식과 자기존중이 있었다. 그래서 자신의 한계를 깨닫고 다음 날 자기 일을 하러 떠났다. 우리 삶 속에서 자신을 돌봄과 자신을 내어 줌이 건강한 균형을 이루어야 우리 자신과 남들을 향해 "나-그대" 관계를 실행할 수 있다.

△ **적용**

- (질문 11, 12) 참가자들에게 미리 도덕적 사안이나 도덕적 책임에 대한 기대의 예는 들지 말라고 말하라. (예: 가정폭력, 간음, 부모역할, 교회 내에서의 재정적 정직성.) 이런 주제들은 이 실습의 범위 밖이다.

8과

하나님의 길을 신실하게 따라갈 삶의 규칙을 세우라

이것은 일반 가이드라인 외에, 각 단락에 필요한 항목들이다.

△ 과를 시작하기 전에
- 《정서적으로 건강한 영성》의 8장을 읽으라.
- 《정서적으로 건강한 영성 하루 묵상》 8주의 매일기도 중에서 하나를 택하여 세션을 시작하라.

△ 성경 공부
- 성경 공부 단락은 의도적으로 짧게 15분으로 했다는 점에 유념하라. 이 마지막 모임은 '적용' 부분에 중점을 두어, 45분을 할애하려고 한다.
- (질문 6) 이 사도행전 본문에 율법주의나 의무의 냄새가 나지 않는다는 점에 유념하라. 예수님이 말씀하셨다. "수고하고 무거운 짐 진 자들아 다 내게로 오라 … 이는 내 멍에는 쉽고 내 짐은 가벼움이라 하시니라"(마 11:28-30). 우리가 만드는 건강한 삶의 규칙은 하나님이 우리 삶의 이 특정 시즌에 우리를 어떻게 만드셨는가에 일지해야 한다.

△ 적용
- 이 실습은 참가자들이 혼자 있을 공간을 갖는 것이 좋다. 공간이 된다면, 그룹원들이 혼자 20분 동안 하나님 앞에서 질문들을 묵상해 볼 자리를 찾게 하라.

△ 체크리스트 ∥ 정서적으로 건강한 영성 코스

과	《정서적으로 건강한 영성》	《정서적으로 건강한 영성 하루 묵상》	《정서적으로 건강한 영성 소그룹 워크북》	강의 듣기
1	☐ 1장 읽기	☐ 기도하는 마음으로 도입과 1장 읽기	☐ 프롤로그 읽고 1과 답 적기	☐ 1과 강의 듣기
2	☐ 2장 읽기	☐ 기도하는 마음으로 2장 읽기	☐ 2과 답 적기	☐ 2과 강의 듣기
3	☐ 3장 읽기	☐ 기도하는 마음으로 3장 읽기	☐ 3과 답 적기	☐ 3과 강의 듣기
4	☐ 4장 읽기	☐ 기도하는 마음으로 4장 읽기	☐ 4과 답 적기	☐ 4과 강의 듣기
5	☐ 5장 읽기	☐ 기도하는 마음으로 5장 읽기	☐ 5과 답 적기	☐ 5과 강의 듣기
6	☐ 6장 읽기	☐ 기도하는 마음으로 6장 읽기	☐ 6과 답 적기	☐ 6과 강의 듣기
7	☐ 7장 읽기	☐ 기도하는 마음으로 7장 읽기	☐ 7과 답 적기	☐ 7과 강의 듣기
8	☐ 8장 읽기	☐ 기도하는 마음으로 8장 읽기	☐ 8과 답 적기	☐ 8과 강의 듣기

CERTIFICATE
of COMPLETION

이름

―――――――――――――――

위 사람은 EHS코스를 성실히 수료하였기에 이 수료증을 드립니다.
이 과정에서 배운 것으로 개인은 물론 가정과 교회 공동체를
더욱 온전하게 섬기기 바랍니다.

날짜   함께한 사람

―――――――――――   ―――――――――――

주

1. 정서적 건강과 관상적 영성의 의미를 완전히 이해하려면, 《정서적으로 건강한 영성》 38-39쪽을 보라.
2. 《정서적으로 건강한 영성》 74-75쪽을 보라.
3. 마틴 부버의 "나-그것" 대 "나-그대" 관계를 더 잘 이해하려면, 《정서적으로 건강한 영성》 264-270쪽을 보라.
4. 이 훈련의 인용 출처: Pat Ennis, The Third Option: An Ongoing Program to Build Better Marriages, Teachers Manual, Topic #3, "Expectations," 1-9.
5. 기억하라. 삶의 규칙은 하나님을 우리가 하는 모든 일의 중심에 모시려는 의도적, 의식적 계획일 뿐이다. 그것은 하나님이 우리의 삶의 원천이심을 늘 기억하게 해주는 지침이다. 그것은 각자마다 다른 고유한 영적 훈련의 조합으로서 구조와 방향을 우리에게 제시하여 우리가 하는 모든 일 중에서 의도적으로 하나님께 주의를 집중하고 하나님을 기억하게 한다.
6. Parker Palmer, *A Hidden Wholeness* (San Francisco: Jossey-Bass, 2009). (《온전한 삶으로의 여행》, 해토)
7. James F. Nyquist and Jack Kuhatschek, *Leading Bible Discussions* (Downers Grove, Ill.: InterVarsity Press, 1985).